武道に学ぶ
めげない子育て論

大いに挫折せよ！
そして、立ち上がり未来を開け！

〈扉の言葉〉

「門馬道場の武道教育」

福島県の矢吹町という小さな町に生まれた私は、高校を卒業するまではとても大人しく消極的で、取り柄と言えば真面目さだけだった。

高校卒業後は、農家の跡継ぎとして農業に従事する筈だったが、どういう訳か設計という仕事に魅力を感じ、やがて独立して設計会社を起業した。

順風満帆とまでは行かないが、好きな仕事に夢中になり、複数の大型ショッピングセンターの開発設計などを手掛け、休む間もないくらい忙しい日々が続いた。

そんなある日、あの「東日本大震災」が起き、そして原発の水素爆発。私達の生活は一変した。故郷に残れるのかどうかも不安の中、土木設計に携わる一員として、道路・上下水道・河川・公園・学校……ライフラインや、あらゆる施設の復旧・復興に全力を注いだ。

正直、震災バブルで設計業界の景気は上向いた。

我が社も例外ではなく、会社の売り上げは右肩上がりに上昇し、経営も楽になったが、設計者としての理念や、故郷で生きる上でのアイデンティティ、思い描いていた将来の夢など、失うものも多く、心は空虚な時期もあった。

その心の隙間を埋めてくれたのが、高校入学と同時に始めた空手である。

昔から、設計・空手と「二足のわらじ」を履いて大変だろうと言う人も居たが、そんな事はない。このどちらが欠けても、今の「門馬智幸」ではない。これら全てが、私の人生を豊かなものにしてくれた。


会社の社長になりたい。強くなって空手の先生になりたい。他愛もなく漠然とした夢を、現実のものにしてくれたのは、紛れもなく約四二年間継続してきた空手のお陰である。


小さい町に芽吹いた小さな空手道場の和が、やがて門下生八〇〇名を越す「門馬道場」の輪へと広がり、空手を通して「武道教育」を実践してきた。「武道教育」とは、武道の厳しい修行を通して、「心・技・体」の調和を目指す人間形成の道であるが、結局、子どもの「教育」を推し進めるからには、親の「理解」や「協力」なくして、成立しない事の方が多い。

何故なら、「子育て」が、そのまま「教育」となるからである。私達道場側は、人様の子育てに口出しは出来ない。でも、私達は「武道」で学んだ考え方、生き方を示して導いてあげる事は出来る。

子育てで、頑張る子どもを潰すのは、大体大人である。特に、親がめげると子どもはあきらめてしまう。仕方ない。人生とはそんな事の繰り返しである。

それでも、強く生きていくためには大人も子どもも「めげない」で自ら道を切り開いて行くしかない。そのための考え方を、親と子どもと道場の三位一体で実践する教育こそが、私達門馬道場の目指す「武道教育」である。そして、その「門馬道場の武道教育」により、多くの子ども達が救われ、将来日本を背負って立つ立派な若者に成長していくだろうという確信が、私にはある。

その「門馬道場の武道教育」強いては、「めげない子育て」とは何か。その想いを私なりにこの本で綴ってみたい。

稽古を真剣に頑張る子ども達

道場の子ども達は、みんな仲良し

子どもには無限の可能性がある

子どもと同じ目線で向き合う

空手を稽古する女性は凛々しく美しい

教える側も、習う側も常に真剣

稽古中、真剣な表情が一瞬ほころぶ

コロナ禍で、フェイスシールドを着用して稽古

型の稽古は凜々しい

体調を崩した子どもを励ます

戦いを終えて、健闘を讃え合う二人

子ども達の笑顔に救われる事も多い

審査会。不安がる女の子の肩を先輩が
そっと抱き寄せる

稽古前、子ども達とのふれ合い

プロローグ

私は小学校の頃、読書部に入っており、その時に読んだ数々の本に魅了され、やがて自分で小説を書いてみたいと思うようになった。しかし、社会人になってもそんな機会は全く訪れず、いつしかそんな夢を思い出すこともなくなっていた。

仕事で忙しい日々。それでも空手を続け、やがて空手の師範になった頃、自分のメッセージを小説に託し、子ども達に伝えたいと思い始め、何となく書き始めた小説がある……が未完成である。私が空手を始めた、最初のきっかけまでしか書いていないが、その拙い小説の冒頭部分のみを、プロローグとして紹介してみたい。

文中に出てくる主人公の「康平」は、何をやっても続かない三日坊主の高校生で、喧嘩に負けてから空手に目覚める。

その喧嘩に負けた高校生の「康平」こそが、私こと「門馬智幸」である。

小説として書き始めたものなので、多少脚色はしているが、私の「強くなりたい」という心の叫びがどのようなものだったのか、そこを理解してもらえれば、プロローグとしての役割は果たすかと思う。

門馬智幸の小説「強くなりたい」

強くなりたかった。いわゆる喧嘩にである。本当の強さとは、心の強さを指すのかも知れないが、今は、腕力での喧嘩の強さがあればとりあえずよかった。

「強くなりたい」

学校から自転車で帰る道すがら、心からそう思った。

ほんの数時間前、突発的に起こった出来事を思い出すと、胸が締め付けられそうだった。この痛みから逃れるには、喧嘩に強くなる以外、解決策は思い浮かばなかった。

この春、高校生になったばかりの康平。入学してまだ二ヵ月も経っていないが、学校には気の合う仲間が多く、休み時間などは笑いが絶えなかった。

家が農家で、跡継ぎである長男の康平は、田舎の中学校からはほんの数名だけしか行かない隣町の農業高校に進学した。小学校からずっと野球をやっていた康平は、同じ高校の野球部の先輩に、入学前から勧誘を受けていたので、入学時にはすでに野球部員だったことから、先輩達にも可愛がられていた。

しかし、クラスの中には、普段から素行の悪い久保木という奴を筆頭に、何人かの不良グループがあり、康平はじめクラスの仲間と折り合いが良くない奴も居たが、特に気にもとめず普通に接していた。

そんなある日、事件が起こった。否、事件というほどの事ではないかもしれないが、康平の一生を左右するきっかけになったのは間違いない。

放課後、いつものように仲間と談笑していると、突然股間に激痛が走った。振り向くと、久保木が笑って立っていた。一瞬にして、状況が把握出来た。

前々から康平の事を快く思っていなかった久保木が、後ろから股間を蹴ったのだ。ふざけて軽く蹴ったつもりだろうが、モロ急所に当たったのだから堪らない。康平は久保木に飛びかかり、取っ組み合いが始まった。

机や椅子が散乱し、しばらく揉み合ったが、結局、久保木に馬乗りになられ、ボコボコに殴られた。親友の秀明など何人かが慌てて止めに入った。久保木は殴るのを止めたが、康平の気持ちは収まらず、睨み合いながらの口喧嘩が続いた。

一方的に殴られた康平は、

「場所を変えて、もう一回だ！」

「なにーてめー、また、殴られるぞ。今度はもっとボコボコにするぞ！」

「じゃーやってみろ！」

再び睨み合いが続いたが、久保木が目を逸らしたのをきっかけに、康平から背を向け教室を出た。廊下の手洗い場で顔を洗ったが、顔全体が腫れぼったかった。うがいで血を流し、ハンカチで軽く押すように顔を拭き終えて教室に戻ったが、何となく、教室全体のしらけた空気を感じた。

クラスメイトも何かよそよそしく感じた康平は、逃げるように自転車置き場へ直行し、帰路を急いだ。

康平は田舎育ちで、家の周りは田んぼや畑の農村地帯だった。通っている高校までは自宅から一五キロ程あるが、通学路の両側は殆ど田んぼや畑の田園風景である。康平は田舎道を一人、自転車をこぎながら、今日の喧嘩を思い起こしていた。

相手を、一発も殴ることが出来なかった。その上、組んでも倒された。俺ってこんなに弱かったのか……。いくら明るくて、面白くて、人気者でも、相手に力で捻じ伏せられる屈辱を負ったら、そんなものは全く意味を成さない。

「強くなりたい」。心からそう思った。

やや交通量の多い大通りを左に曲がると、そこは両側田んぼで自宅も近い。四月もそろそろ終わり、連休に入る時期だった。どこの家も田植えで忙しく、道路脇には軽トラックや耕運機が何台も並んで停まっている。そこで、近所のおばさんたちが楽しそうに話しながら、かなりの幅をとって、軽トラックや耕運機から苗箱を降ろしていた。そのため、車が通るスペースはあまりない。いくら農業用道路といっても、多少は車が通る。少しは遠慮したらとも思うが、おばさんたちはまるでお構いなしである。

康平は、そんな賑やかな風景の中、腫れてやや視界のふさがった目、鼻腔の閉塞感、未だに残る口腔内の血の味を、手や舌の先で感じながら自転車をこいだ。他にもあっちこっち違和感というか、痛みがあったが、何より心が痛かった。

こんな状況で、おばさんたちから声を掛けられるのは堪らなく嫌だったが、案の定「あら、康平君、今帰り?」と、声を掛けられた。

「はい」と、返事をするのがやっとだった。かろうじて精一杯反応したが、この言葉を発する以外、愛想笑いさえも出てこない。

完全に折れた心……。

家にも帰りたくない。今帰っても、両親も田植えで家には誰も居ないだろうが、問題は夕飯の時間だ。家族と顔を合わせたくない。ケガの状態をあれこれ聞かれ、心配されるのが正直うっとおしい。そして何より、明日、学校に行くのが嫌だった。喧嘩をしてしまった後悔、喧嘩に負けた不甲斐なさ、もし自分が絶対的に強ければ、こんな思いはしなかったに違いない。

でも、どうしたら強くなれるのか。格闘技でも習おうか。柔道、空手、ボクシング……どれが一番喧嘩に役立つだろうか。柔道……組み合って投げ倒すのもよいが、俺は一六八センチ、五六キロだ。こんな小さい体じゃ無理か。ボクシング……これも階級制だし、小さいのは不利に決まっている。空手は……昔、ノンフィクション漫画で、牛を一撃で倒した男が居ると聞いた事がある。小さい人間でも、でっかい牛を一撃で倒す事が出来る。相手に掴まれる前に殴る、蹴る。今日の状況なら取っ組み合う前に勝負が決まる。んー、空手か……。よし、空手を習おう。自転車をこぎながら、あれこれ想いを巡らせているうちに、そう心に決めた。

どこに空手の道場があるのか、お金はいくらかかるのか、自分に継続出来る根性があるのか、家族は賛成してくれるのか、そんな事は考えもしなかった。とにかく、明日は何事もなかったように、普通に学校に行こうと心に決めた。

学校から家に着くまでの四〇分間、それまでペダルをこぐ足に力が入らなかったのが嘘のように、「空手を習う」という目標……イヤ、すでに習い始めた気分になって、心なしかペダルが軽く、勢いが付いた。

家に着くとすぐ顔を氷で冷やした。二階の自分の部屋で着替え、ベッドに横になった。色々な想いがまたしても頭を巡る。空手か……。


「康平、ご飯だよ」

母が一階の台所から呼ぶ。いよいよ決戦の時。食卓の椅子に座り、機を見計らって両親に言った。

「あのー、俺、空手習いたいんだけど」

「空手？」

びっくりしたように母が聞き返す。

「空手って、柔道とは違うの？　柔道は中学でも高校でも、授業でやるって言うから、柔道着買ってあげたでしょ」

「柔道と空手とは違うよ。俺は、空手をやりたいの」

「康平は何やっても続かない三日坊主なんだから、どうせまたすぐ辞めるんでしょ。だから駄目。いいから早くご飯食べちゃいなさい」

ハナから聞く耳を持ってくれない母だが、これは想定範囲内。

「今度は違う。空手は、本気でやりたいんだ！」

「何言ってんの。今までだって必ず本気でやりたいって言ってきたじゃない」

と、とりつく島がない。父は、黙々とご飯を食べているだけだった。

こうなったら、奥の手の殺し文句。

「今度こそ、絶対辞めないで続ける。嘘をついたら、もう小遣いもいらないし、何も欲しいって言わないから」

「また、同じセリフ。ふざけないでよ。駄目って言ったら駄目」

「ところで康平、あなたの顔、腫れてない？　まさか、喧嘩でもしたの？」

母の言葉に、父もびっくりしたように康平の顔を見る。

「それは殴られた顔だな」

と、父が威圧的な雰囲気で睨んでくる。万事休す。

「今日、学校で友達と口論になって。でも、俺が悪いと思ったから手は出さなかった」

と、とっさに嘘をついた。母はあきれた顔で、

「あなたは意地っ張りで、強がってばかりいるからよ。どうせ喧嘩なんかしても勝てる訳ないんだから、もう少し素直になりなさい」

俺が意地を張ったから喧嘩になったんじゃない……。向こうが突然蹴ってきたんだ。俺が悪いんじゃない。心の中でそう叫んだ途端、涙が溢れてきた。悔しくて情けなくて、その感情をどうする事も出来なかった。しばらく沈黙が続いた後、父が言葉を発した。

「殴られた後、どうした？」

質問の意図がわからない。

「やられっぱなしか……。仲直りはしたのか？」

父の言葉に首を横に振ると、

「男なんだから、多少殴り返しても良かったと思うけど……」

間髪入れずに母が口を挟む。

「お父さん、何言ってるの。康平が悪いのに殴っちゃ駄目じゃない。どうせ喧嘩なんかしたって勝てる筈ないんだから」


またか……俺は悪くない。しかも俺は喧嘩に勝てないから手を出しちゃ駄目なのか？　じゃあ喧嘩に勝てれば手を出してよいのか？

あまりに矛盾したやるせない話に、悔しさと同時に怒りも込み上げてくる。そんな感情を察してか、父が優しい口調で、

「まっ、康平が悪いと思って手を出さなかったんだろうから、仕方ないけど、でも最後に謝れば仲直り出来たかもな。明日、学校で謝って仲直りしろ」

下を向いて泣きながら、心の中で様々な思いが渦巻いていた。俺は何もしていない。何も悪くない。突然蹴ってきた向こうが悪い。俺だって男だから意地もある。でも殴り返したくても一発も当たらなかったんだ。

何で俺が悪くもないのに謝らなくちゃならないのか。

「だから康平は空手なんかやりたいって言ったのね。喧嘩がきっかけで空手を習うなんて絶対駄目よ」と母。

状況は最悪になってしまった。しかし、空手を習う気持ちを諦めようとは全然思わなかった。喧嘩に勝ちたくて空手を習っちゃ駄目なのか？　空手を習っている人達は、喧嘩に強くなりたいと思っていな

いのか？　だったら何のために空手を習うのだ。一体、空手を習っている人達ってどういう人達なんだろう？

母の小言も全く耳に入らず、心の中で空手に対する興味ばかりが膨らんできた。

いつの間にか、両親の話題は明日の田植えに変わっていた。康平も我に返って再びご飯を食べ始めた。

二階の部屋に戻った康平は、ベッドに横になり、目を閉じた。今日の喧嘩したシーンや、久保木の顔、見守る秀明やクラスメイトの顔が、走馬灯のように浮かんでくる。そして殴られた顔の痛みを感じると、情けなさと怒りが込み上げてきた。駄目だ、駄目だ。今のままじゃ俺は情けない男のまま大人になっていく。やはりどうしても強くなりたい。どうしたら変われる？

懸命に考えを巡らすが、もう空手を習う以外にアイディアが浮かばなかった。よし、とにかく空手道場に見学へ行ってみようと決心した。すると、空手道場がどこにあるのかもわからないのに、すでに緊張していた。

その夜は、妙に興奮してなかなか寝付けなかった。

次の日、腫れぼったい顔に気持ちは沈んだが、早く学校に行きたかった。昨夜、色々と思いを巡らせているうちに、クラスメイトの遠藤が空手の話をしていた事を思い出したのだ。

（あいつに聞けば空手道場の場所を知っているかもしれない）。早く遠藤と話したい。教えてもらったら、放課後すぐに道場に行ってみたいという気持ちで奮い立った。

学校に着くと、教室では秀明や他の友達も久保木も、特段、康平を気にする様子もなく、いつものようにホームルーム前の時間が自然に流れていた。

もちろん、康平にとってそれは居心地の良い時間ではない。普段通り席に着き仲間の話に何となく同調していく。そんな中、遠藤を目で捜すと、彼も仲間と笑いながら雑談している。

しかし、昨日の今日であり、朝一番に空手道場の件は聞きづらい。だが、あの悔しさを一日も、イヤ、一瞬でも早く払拭したい。よし、思い切って聞いてみよう。

「遠藤さ、前に空手の話してたよな？　あれって道場どこにあるの？」

遠藤は一瞬訝しげな顔をしたが、薄笑いしながら、

「何？　復讐でもする気か？」と、からかうように聞いてきた。

カチンときたが、

「イヤ、弱い自分から脱皮したいだけ」と返すと、遠藤からは笑いが消え、空手の道場の場所と先生の名前を教えてくれた。

「鏡石の天栄荘というアパートに飛田健っていう英語塾の先生が居て、その人が隣の不時沼公園で空手も教えてる」

この話を聞いてから、頭の中は「飛田」という先生に会った時の事ばかりが渦巻き、緊張感でその日の授業は全く耳に入らなかった。

放課後、康平は野球部の練習をサボり、早速クラスメイトの遠藤から聞いた「天栄荘」というアパー

トを訪ねた。木造二階建ての、古い長屋の建物だ。自転車を止め、恐る恐る一階のアパートの一室を覗いていると、角刈りで、しかも顔が四角で顔中筋肉オバケみたいなおじさんが、股割り（開脚）をやっていた。

「こぇーなー」と、ビビりながら何も言えずに見ていると、その顔中筋肉のおじさんが、「おー、どうした？」と、野太い声で聞いてきた。

緊張しながら、「空手、やりたいんですけど…」と答えると、「隣の公園で、六時から稽古だから参加していけ」と言われた。

稽古着はないし、学生服のままだったが、迫力に圧倒されて「はい」と返事をしてしまい、緊張しながら稽古が始まるのを待っていた。夕方、六時近くになると、康平と同じ年ぐらいの学生が一〇人程集まって来て、アパートの二階で稽古着に着替え、裸足で公園に降りてきた。二階の部屋は英語塾だったが、空手の更衣室も兼ねていた。

みんなが準備運動をしていると、顔中筋肉おじさんも稽古着を着て降りてきた。やはりこの人が飛田健先生か。生徒達全員が直立不動で「押忍」「押忍」と、両腕を十字に切って挨拶する。飛田先生も「押忍」と返す。不思議な世界だった。

そして、公園のブランコの前で稽古が始まった。青空道場である。康平は後ろの列に並び、学生服のまま裸足で参加した。約二時間の稽古。きつかったし、学生服も汗と土埃で汚れたが、心は洗い流されたように爽快だった。

ハマった。完全に空手にハマった瞬間である。

第一章

向き合わない教育

向き合えない大人たちへのメッセージ

教育現場である学校は、昔から「学校らしく」しなくてはならないので、当然、生徒にも「生徒らしく」してもらわないと都合が悪い。

そこには生徒個々の環境や個性、性格や考え方などの事情は一切関係ない。いちいち生徒に合わせていたらキリがない……と、誰もが言うだろう。

だが、それで学校は成り立っても、道徳的な教育は成り立つのだろうか？　何も校則や規則を一人一人に合わせろ、などと言っている訳ではない。

かつては聖職とまで言われ、夢や希望、そして使命感と志を持って教師になった人達が、現在では、その世間のイメージに疲弊し、働き方改革と相まって行き詰まり、今ではたかだか三十数人の生徒と向き合うことさえ難しいと聞く。だが、生徒らしい子にも、生徒らしくない子にも、もちろん悩みはあり、それは向き合わない限り顕在化しない。イヤ、むしろ学校は、顕在化しない方が「問題の無い良い子」ばかりで都合が良いのかもしれない。しかし、「みんなと同じ人間」として画一化された向き合わない教育には、道徳性を高める心の教育など望むべくもない。

確かに、現在の日本の教育現場は、そんな正論が成り立つ程単純なものではなく、昔のようにはいかないだろう。教育する環境も、現代社会に対応するべく変わってきただろうし、当然、教師の環境も変わってきた。

「他の生徒はちゃんとやっている。お前も同じようにやれ」という、十羽一絡げの教育指導にならざるを得ないのだろう。

全ての生徒のレベルに合わせ真剣に向き合い、プライベートにまで踏み込み、保護者とも全力でぶつかる金八先生は理想だが、そこに厚い信頼関係が構築されていないと、そこまで踏み込んだらとんでもない事に発展しかねない。

教師が真剣にやればやるほど精神を病み、健康を害し、場合によっては鬱になる。教育現場はそれ程厳しく、教師が生徒に深く関わること自体、様々なリスクがある。教師は生徒のプライベートまで、過度に介入すべきではないだろう。

しかし、教師と生徒が、真剣に向き合えなくなった今、教育の歪みが色々なところに波及し、大人も子どもも悲鳴を上げている。

世の中のニュースは、いつの時代も児童や高齢者への虐待、教師の体罰、イジメ……など、悲しい事件が後を絶たない。

また、家族内での事件、例えば経済苦からの一家心中、家庭内暴力をする我が子から身を守るために、仕方なく父親が我が子を殺害したニュースなど……身につまされる事件も数多い。

子どもを殺した父親には、相談する相手が居なかったのか。その父親や、子どもの日頃の環境を気に留めてくれる人は居なかったのか。そもそも、その人達の育った環境が劣悪だったのか。イヤ、誰もがもう殺害する以外、方法がなかった、というくらい追い詰められていたのかもしれない。

その人達の状況がわからないから軽はずみな意見は言えないが、何とか防ぐことは出来なかったのかと、ニュースを見る度に悲しい気持ちになる。

その事件を「明日は我が身」と、身近に感じて身につまされて見ている人も大勢いるだろうと思う。逆に、事件の詳細も知らずに「対岸の火事」とばかりに、テレビで好き放題にコメントしているアホなコメンテーターなどを見た時は、すこぶる腹立たしい事もある。それが仕事で、仕方ないのかもしれないが、自分なりの筋論を「想像」や「知識」のみで、延々と得意げに話す顔を見ていると虫唾が走る。

大体、この人達は、我が子に真剣に向き合っているのか。経済的に苦しくなってしまった人達と向き合った事があるのか。そんな経験がもっともっとあれば、もう少し違う視点での、本質的なコメントが出来ると思う。

私達大人は、一体いつまでこのようなネットの落書きみたいな「想像」で悲しい事件を語り、犯人の責任追及のみで事件を収束させていくのだろう。

人と向き合う事もせず、「知識」と「言葉」だけで物事を解決する大人の習慣を根本的に改善しない限り、今後、これらの痛ましく悲しい事件を減少させる糸口さえ見つける事は出来ないだろう。

鬼畜の所業、児童虐待

最近の年間虐待対応件数は、児童相談所で一三万件にも及び、虐待死や心中で死亡している子どもは、年間で一〇〇人近く居り、その約半数は、親と共に命を落としているらしい。

児童虐待は、養育環境にリスクがあり、いわゆる社会的孤立や、複雑な家庭環境、夫婦関係、経済的な不安など、様々な要因があると聞く。だが、どんな理由であれ、決して児童虐待は許されるものではない。

しかし、「しつけ」や「愛のムチ」と称し、子を虐待する親は後を絶たない。何故、自分の子どもにご飯を与えなかったり、小さい子どもを家で一人にしたり、死んでしまうほど叩いたり出来るのだろう。

そんなニュースをテレビで見る度、その画面に映った親に怒りを覚えるだけでなく、ぶん殴って張り倒したい衝動にさえ駆られるのは私だけだろうか。

確かに、親とすれば我が子に対し、人間として社会に生きる者の最低限のマナーや、コミュニケーションの基礎となるものを、小さい頃から「しつけ」ることは、重要なことではある。

では、その親自身は、人間として社会に生きる者の最低限のマナーや、コミュニケーションの基礎となるものを、小さい頃から親に厳しく「しつけ」られてきたのか？

仮に、しつけられてきたのなら、同じように我が子のしつけも出来るかもしれない。だが、自分が「しつけ」も満足にされずに甘やかされて育ったのに、我が子にだけ厳しく「しつけ」と称して叩く、「愛のムチ」としながら、その実、ムカついたから程度もわからずに殴る、自分のことしか考えない、他人に迷惑をかけても悪いと気付かない、社会を上手く生きられない、そんな自分に対する怒りのはけ口を子どもに向けていたとしたら……これは鬼畜の所業である。

これらは「親」の問題だけではなく、社会全体の「教育」の問題である。前述した家族内での事件同様、その度に、保護者や管理者の責任追及で報道や事故の対応が収束してしまい、次の悲劇を招かないための予防策にはつながっていないし、つなげようとしても、力点は本質とは全く遠いところにあると思う。

「しつけ」は重要であるが、それは一日や二日では成し得ないものである。長い時間をかけて子どもと向き合いながら、じっくりと「人として」大切な事を教えなければならない。

保護者や管理者は本来、子どもと毎日のように向き合っている筈である。向き合うためには、お互いが同じ目線でのコミュニケーションが欠かせない。

一方的に自分の想いのみを伝えるだけでは、何時間話しても何年一緒に暮らしても、向き合っているとは言わない。

自分は努力しないいし、特に目標もなく、夢なんて遠い昔にあきらめてしまった大人が、我が子には「努力しろ、目標を持て、夢を持て」と、自分が出来なかった事を押し付け、期待する。その親の期待を一身に背負って頑張っている子ども達に、成長する過程で「しつけ」や「指導」という名のもとに、間違った一方通行の「教育」を是と考えている大人達。

こうした教育の構図が、挙句の果てには虐待を生み出し、そして、この虐待がやがて体罰やイジメにつながっていくのだろう。

体罰そのものが悪ではない

体罰については、家族内の事件や児童虐待とは違い、空手道場で多くの子ども達を預かって、また、子ども達に関わる様々な委員会を行政機関から委嘱され、学校にも関わってきた身として、大いに問題意識もあるし、言いたい事も多々ある。

体罰の話で、よくニュースなどで報道されているのが、教師の体罰が原因で生徒が自殺したという痛ましい事件である。

この手のニュースは、学校関係者や教育委員会が「体罰は認められなかった」と、殆どの場合は言わざるを得ない。最終的に体罰はあったにも関わらずである。

これは、日本の教育学的な定義では、「体罰」は全てが悪い事に該当するようだから、詳細な事情がわからない段階での学校関係者や教育委員会の判断は、もちろん仕方のない事である。

しかし本来、「体罰」と「暴行」は全く違うものである。暴行は自分本位の感情のみだが、体罰は子どもの教育が目的である。体罰は子どもの成長を促すため、その時は嫌な気分にもなるが、行わねばならない時もある。それによって、時には子どもに悪態をつかれたり、親に文句を言われたりする事もあるだろう。教師ならクビになる事だってある。

しかし、人間は感情を持った生き物である。腹が立てば時には本気で怒る。時には手が出る事もあるだろう。でも、それは相手に対して真剣だからである。真剣だからこそ、自分の身を賭してでも愛情を持って体罰を行う。そんな親や先生が居なければ、日本の教育は廃れていく。

体罰によって、生徒がケガをしたり、追い詰められたり、実際に死んでしまったりしたら、そこに愛情はなかったという事であり、体罰の仕方が間違っているという事である。

よく高校の部活動などでも体罰が取り沙汰されるが、そもそも、高校の部活動は自発的にやるものである。嫌ならやらなくてもよいし、体罰をしてまで強制的にやらせるものではない。だが、そんな甘っちょろい事を言っていたのでは、健全な精神は鍛えられない。少なくとも、教師や生徒の間に愛情を挟んだ信頼関係がないと、体罰はただの暴力になってしまう。

「体罰」は明治時代、すでに法律で禁止されていたそうだし、私も体罰を正当化する気は毛頭ない。まして、子どもに罰を与えて抑え込む事が必ずしも良いとは思わない。

私は「学校教育」の問題に関わり、相当頭を悩ませた。例えば、生徒が教師に暴力を振るっても、教師がこれを抑止する手段を持たない。注意しても言うことを聞かず、だからと言って警察に通報も出来ない状況で、暴力を振るう生徒をどう指導すればよいのか……答えは出ない。

学校で、子どもが悪さをしたら、親はどんどん叱ってくれと言うが、いざ子どもが教師に何かされたら、手のひらを返したように学校を非難し、教師の体罰を大問題にする。

「相手は子どもなんだし、教師だから当然。指導力がないだけだ」と、片付けてしまえばそれまでだが、指導する側に何らかの力の行使を認めない限り、学校や教師を批判しても、イジメや校内暴力はなくならない。

「丸腰」の教師が、大人の言う事を聞かない暴力生徒を、どうやって指導出来るのかは難しい問題であると思う。

大人の想いを「言葉」だけで伝えられる程、思春期の教育は単純ではない。

学校教育の再構築は、これからの日本を背負って立つ子ども達のためには急務である。もっと学校関係者や教育委員会が教育の本質を見極め、教育問題に真正面から取り組むことが出来る環境を、私達、子を持つ親から取り組んでいかなければ、学校教育が人間教育の場になる事は永久にないだろう。

イジメの構造と心の免疫

「イジメ」による自殺。

ずっと以前から、「イジメ」のニュースは後を絶たない。私は、空手を通じて多くの子どもと関わり合っているので、「体罰」同様、「イジメ」のニュースを聞くと様々な想いが交錯する。時には、身近な子ども達とオーバーラップする事もある。「イジメ」は、心が荒廃していたり、心が未成熟だったりする人に表れる一つの症状だ、と言う人も居るが、そもそも心の成熟した完全な人間など居ない。

なので、心が未成熟云々は関係なく、気が付かないだけで、誰でも「イジメ」はしている。

元々、人間や動物には、本能的に加虐性があると言われているだけに、「イジメ」は人間の集団心理が絡んで起こる事が多い。

泣いている子どもを励ます先生（2018年）

一人では何も出来ない奴に限って、集団になると気持ちが大きくなり横柄になる。それ自体が既に、「イジメ」につながる第一歩である。

だから「イジメ」は、子どもに限らず、大人社会でも必ず引き起こされる。最近では、インターネット上での「イジメ」も多いと聞くが、間違いなくどんな世代でも日常的に「イジメ」は起きている。

「イジメ」により、親に相談してくる人も居れば、引きこもってしまったり、転校したり、最悪の場合は自殺をしたり、色々なケースが起きている。大人や仲間は、そこでその子のＳＯＳに気付き、何か手を差し伸べてあげるべきだが、それが深刻な「イジメ」なのか、些細な批判なのか、ただの悪ふざけにすぎなかったのか、それを判断するのが難しい場面が多々ある。

「イジメ」を受けた側が「イジメ」だと思えば、全て「イジメ」であると言うが、例えばほんの些細な事でも全て「イジメ」だと認識して、いちいち対処していたのでは、その子の将来が思いやられるし、世の中立ち行かなくなるだろう。

本来、その「イジメ」を受けた人が、「イジメ」と感じるかどうかが重要なのはもちろんだが、もし自分に確固たる自信があるとか、気持ちに余裕がある人だったら、些細な批判や悪戯を、いちいち「イジメ」とは感じない筈である。

それは、なぜなのか……。心に免疫があるからである。

心が成長する過程において出来上がった、困難に打ち克つ心の強さ、それが心の免疫である。

心の免疫は、身体の免疫と同じように、戦えば戦うほど強くなる。身体の免疫は、ウイルスや細菌など様々な異物に対し、多彩な攻撃を展開する。また、私達の筋肉も同じで、トレーニングにより、与えられた負荷を乗り越え、またより強い負荷を与えられ、乗り越え、次はもっと強い負荷を与えられ……それを繰り返し継続する事で強くなる。

つまり、家庭でも学校でも部活動でもよいが、その中で困難に直面した時、それから逃げずに自分の力で乗り越える。そして、その困難を乗り越えたら、また次の困難を乗り越える。そういう困難や試練を乗り越えて行く事の繰り返しこそが、心の免疫力を高める唯一の方法である。

誤解を恐れずに言えば、イジメる方もイジメられる方も、それなりの原因のある場合が多い。子どもでさえ、毎日色々な人と関わっている。それぞれ性格が違うし、誰でも好き嫌いはある中での集団生活であり、みんな本当は弱い人間なので仕方がない部分もある。

くどいようだが、だから「イジメ」は絶対なくならない。「イジメ」に対抗する唯一の方法は、「自分の心を強くする事＝心の免疫力を高める」。これしかない。

三位一体の武道教育

子どもを教育する場は、家庭教育、学校教育、地域教育とあり、子どもはどこに居ても教育される環境が昔はあった。

しかし、今の家庭教育は、核家族化でおじいちゃんやおばあちゃんが子育てに参加しないし、平成の偏った教育などから倫理・道徳が欠如し、コミニュニケーションを上手く構築出来ない親も居る。

この本の中では、武道教育を通して、未来を生きる子ども達に私達大人が伝えねばならない事を述べている。ただ、そう言いながらも、親が変わる事も子どもが変わる事も、そして、家庭教育・学校教育・

地域教育が良い方向に向かう事も、難しい事は重々理解している。

それなのに、この本を読み進めていくと、「弱い自分に負けない・頑張る事をあきらめない・努力し続ける・挑戦する・試練を乗り越える……」など、ありきたりの言葉がしつこいくらいに書いてある。

もちろん、そんな精神論だけで人が変わる筈はない。

だからこそ、それらの言葉が息づくように、言葉だけではなく実践ありきで、私達大人が真剣に向き合う「武道教育のススメ」が、この本の意とするところである。

ただし、誤解のないように初めに言っておく。よくある家庭の教育方針で、子どもも一人の人格を持った人間だから「自由を尊重する」などという戯言を聞くが、親が何か示した上で、子どもにやりたい事を自由に選択させるのと、何も示さずに、「あなたの人生なんだから好きなように自由にしなさい」というのは明らかに違う。

前者の場合、子どもが何かに挑戦したいという意志があった場合、子ども自身を尊重して決定権を与える自由であり、素晴らしいと思う。ところが、後者の場合、子どもは何がしたいか選択肢も少ない上、当然、辛く苦しい事は避けるのに、自由に好きなようにしなさいなんて言われても、何が自由かなんてわからない。こんなものは、親の体の良い責任放棄だ。

年端も行かない子どもには、むしろ親がある程度「レールを敷いて」、見守ってあげる時期があった方がよい。確かに「レールを敷かない」というのは、子どもを束縛しない寛大な親のようで、「自由に伸び伸び生きて、結果なんてどうでもよい。生きているだけで幸せなんだよ」と言えば、言葉としては耳障りもよい。

しかし、実はその言葉の裏には、「自由に生きていいけど、努力して良い学校に進学して、頑張って一流企業に就職して、将来結果を出さないと幸せにはなれないんだよ」という、子ども任せの期待が込められていたりする。これは、子どもにとっては恐ろしいプレッシャーである。もちろん、子どもに努力する事の大切さを教える事は、とても大切な事である。それが教育でもある。

一方で、子どもは親が道を示さず放っておけば、殆どの場合、社会のレールを踏み外す。逆に、常に道を示して頑張らせ過ぎれば、子どもは親や社会に押し潰されて壊れてしまう。常に一〇〇%の力を出し続ける事なんて出来る筈がない。強い負荷をかけ続ければ、「心」も「身体」もいつかは壊れる。その「負荷の強弱」を「調整」出来るのは、常に子どもと一緒に生活し、常に向き合っている親以外には絶対に居ない。

子どもに対し、親が真剣に向き合う。それに勝る教育はないという事だけは、肝に銘じて欲しい。親はどんな先生にも勝る。親がめげてしまえば、子どもは頑張る事をあきらめる。親がめげないで根気強く向き合えば、子どももそこに向き合う。だからこそ親の責任は大きく、親は子どもから信頼されるような大人に変わらなければならない。

特に、お母さんにとって、子どもは分身だ。共に、笑って、泣いて、怒って、もっともっと向き合っていける環境づくりが必要である。

そして、その環境が門馬道場にはある。

日々、道場で辛く苦しい稽古に耐え、試合では、口から心臓が飛び出しそうな緊張感や脚がガタガタ震える程の恐怖を乗り越え、「弱い自分に負けない」で頑張ろうとする子ども達を、目の当たりに見てきた親御さん自らが「自分も頑張らなくちゃな……」と変わっていく現実を、私は何度も見てきた。

親が子どもを必死に励まし、子どもは親に感謝しつつ自らの意志で頑張る。その頑張る我が子や他の子ども達と常に向き合い、共に喜び、笑い、泣き、そんな日常から、親自身も我が身を振り返り、自らも頑張ろうと奮起する。これこそが「子が変われば親も変わる」で、親と子と道場「三位一体の武道教育」である。この現実があるからこそ、私達は子ども達と武道を通して真剣に向き合いたいと願う。私達大人は、これからの日本を背負って立つ子ども達をちゃんと教育する義務がある。

しかし、家庭環境の問題、学校環境の問題、地域環境の問題、強いては大人達が子どもに向き合う環境づくりの問題など、本質的な問題を見過ごしている限り、「虐待・体罰・イジメ」など、一時的な罰則を加えたところで、何にも解決していかない事を理解すべきである。これらの問題は、やがて子ども達の命の問題にも関わる。命の重ささえ教えられないで、教育とは呼べない。

今の日本には、家庭教育、学校教育、地域教育ではどうしても補い切れないものがある。だからこそ、それを補う教育が必要であり、それこそが「武道教育」である。「武道教育」こそが、日本の未来を生きる子ども達を救う道である。

雑巾掛けをする少年部

第二章

私の根っこ

生まれ育った「矢吹町」

私が生まれ育った福島県西白河郡矢吹町は、人口一万七〇〇〇人の小さな町である。二〇年以上前は人口も一万九〇〇〇人を超えたが、その後、都市圏や県外への流出、そして東日本大震災や少子化などの影響もあり、人口は減少している。

矢吹町の殆どはなだらかな地形で、三方を阿武隈川、隈戸川、泉川が流れ、羽鳥ダムの水を利用した農地は町を潤している。

また、町には大型商業施設や飲食店、医療機関も充実しており、池と町木のアカマツの生い茂る自然空間を活かした大池公園や、三十三観音磨崖仏群などが観光名所として知られている。

矢吹町は、今でこそ「田園の町」と呼ばれているが、戦後の日本三大開拓地の一つであり（他は青森県十和田市と宮崎県川南町）、大規模な開拓事業が行われた歴史を持つ。かつては、「行方野《ゆきかたの》」と呼ばれる広大な原野を中心とする土地だったが、藩政時代には奥州街道の宿場町として栄えた。明治時代には、宮内省（現・宮内庁）管轄の御料地となり、宮内省直営の御猟場「岩瀬御猟場」となった。

この頃から、行方野は「矢吹が原」と呼ばれるようになる。戦中は陸軍の飛行場として使用されてい

矢吹町の大池公園（現在）

た事もあるが、荒涼として水利も悪い原野だった土地を、時代と共に大きな変遷を辿り、現在のような肥沃な土地に発展させた。

その開拓者精神は、今も私達へと受け継がれており、その開拓民の一人として矢吹町に移り住んだのが、「じっちさん」こと私の祖父、栄である。

開拓民の一人として移り住んだ祖父

「じっちさん」は、晩年は病気で入院生活を送り、最後は病院で八六歳で亡くなったが、入院するまではずっとダンディな人だった。白髪頭で常にくしを持ち歩き、いつも髪の毛をとかしている程おしゃれだった。農業のほかに植木職人もやり、私が物心ついた頃には、一日中、植木や盆栽を手入れしていた記憶がある。

私の祖母と祖父（1986年）

私が１歳の時 祖母と祖父と（1963年）

普段はとても穏やかだが、私が友達とキャッチボールをしていて、うっかり植木畑にボールが入って、取りに行こうものなら「植木が折れちまう」と怒って、下駄を持って追いかけてきて殴られた。その時は、孫より植木が大事なんじゃないか？　と思うほど怖かった。じっちさんは、離れの小さい平屋の隠居部屋に「ばっぱちゃん」こと祖母、キミイと二人で住んでいた。じっちさんは時代劇が好きで、夕方からはテレビを見ながら過ごす事が多く、私もよく一緒に時代劇を見た。

私が小学校四年生頃に、剣道を始めたのをじっちさんはとても喜んでくれ、「そのうち智ちゃん（私）と一手交える」と、心待ちにしていた。顔を合わすと、よく私に剣道の稽古の様子をあれこれと聞いてきたものだ。しかし、何をやっても三日坊主だった私は、やがて剣道を辞めてしまう。その時のじっちさんの落胆は、本当に大きかったらしい。

小学校五年生からは、ソフトボールに明け暮れ、中学でも野球部に入部したので、球技など全く興味のないじっちさんにとっては、残念な事だっただろうなと思う。

中学校後半から高校生になると、じっちさんはよく戦争の話をしてくれた。軍隊の理不尽な上官の暴行や、戦争の悲惨さを生々しく教えてくれた。写真も見せてもらったが、生首の写真や纏足《てんそく》の写真など、衝撃的な写真が沢山あり、戦争は、本当に怖いものだと思った。

この頃、すでに空手を始めていた私は、『空手バカ一代』（梶原一騎著）という全二九巻のコミック本を一巻から少しずつ買い込んでいた。ほかにも『世界ケンカ旅行』や、『わが空手五輪書』『空手バカ一代 闘魂 拳ひとすじの人生』など、極真空手の創始者である大山倍達《ますたつ》館長の本を沢山買って読んだ。

じっちさんは、この大山館長の本が大好きで、私が持っている空手関係の本は全部読んでいて、よく一緒に空手の話をした。きっとじっちさんは、今でも空手を必死に継続している孫の私を、天国から見ながら誉めてくれていると思う。

ばあちゃん子の甘えん坊

私はばあちゃん子で、幼い頃は時間さえあれば、ばっぱちゃんのところに行っていた。農家の仕事で忙しかった両親に代わり、じっちさんとばっぱちゃんが居る隠居部屋が、私の居場所だった。親に叱られると、必ずじっちさんやばっぱちゃんのところに行って、慰めてもらった。

また、隠居部屋で食べるご飯やインスタントラーメンは格別な味で、今でも忘れられない。

じっちさんは、相変わらず戦争の体験談、ばっぱちゃんは、戦後の子育てが大変だった頃の話などをよくしてくれた。

とにかく、ばっぱちゃんはとても優しく、何でも私の言う事を聞いてくれたが、その代わりばっぱちゃんの言う事には、一切逆らえなかった。

忘れられない想い出がある。アクション俳優を夢見るようになった私は、高校卒業の間際、千葉真一さん主宰のジャパンアクションクラブ（ＪＡＣ）に入りたくて履歴書を出し、一次審査に合格した。

両親に「二次審査を受けるために東京に行きたい」と言ったが、大反対された。そこで、これはばっぱちゃんに説得してもらおうと思い、勇んで「東京に面接に行きたい！」と頼んだら、「東京なんて行くな！」と一喝されてしまった。涙を流す程悔しかったが、それ以上何も言えなかった事を覚えている。今思えば、この時東京に行ってＪＡＣに合格していたら、今頃は日光江戸村で忍者になっていた

祖母と 高校1年生の時（1978年）

祖母の葬儀に作成したボード（2016年）

祖母と長男大祐（1986年）

かもしれない……（笑）。

そうなれば、今の門馬道場はなかった訳で、この時ばっぱちゃんに先見の明があったのかどうかはわからないが、これで良かったのだと、今はばっぱちゃんに感謝である。

ともかく、じっちさんやばっぱちゃんが居たからこそ、今の私の考え方や物事の判断の仕方など大きく影響を受け、二人の何気ない日常から、人に対する本当の優しさを教えられた気がする。

ばっぱちゃんは九九歳で亡くなったが、私達孫やひ孫は、想い出の詰まった記念ボードを作成し、家族全員の心が込もった精一杯のセレモニーで送り出してあげた。ばっぱちゃんは、間違いなく喜んでいた筈である。

最初のイジメ

矢吹町は、矢吹・中畑・三神と、三地区に分かれており、私は中畑地区に生まれ育った。町の中心地は矢吹地区である。小学校時代、母、スエ子に買い物に連れて行ってもらうのは、中心地にある「矢吹デパート」だった。デパートの一階には食料品が売られており、母は、必ず揚げたてのコロッケを買ってくれた。今思うと笑えるが、中畑地区の田舎に住んでいた私には、矢吹地区は憧れの場所だった。たとえ田舎でも、子どもにとって、生まれ育った場所は格別だ。私も例外ではなく、中畑という田舎も、矢吹町も好きだった。

幸せな幼年期だったが、小学一年生の頃に変化があった。ほんの小さな出来事をきっかけに、私は隣の集落の同級生になぜかイジメられるようになった。

朝の送迎のバス停で集合した時から、学校に行き、また、帰りのバスの中から降りる時まで、何かにつけ意地悪をされた。このため、私は完全にその子が嫌いになり、学校に行くのさえイヤになった。そんな話を母にしたのか、父にしたのか覚えていないが、ある朝、母が「母ちゃんがその子を怒ってやる！」と言って、朝、バス停まで一緒に来た。

「何で人に優しく出来ないの？　イジメはやめなさい！　今度、智幸をイジメたら警察に言うから！　アンタは捕まるからね！」と、母が強い口調で怒ったのを覚えている。

この出来事は、私の心に強く刻まれた。もし母が、子ども同士のちょっとした喧嘩程度だと、私のS

ＯＳのサインに目を向けてくれなかったら、私自身が「不安」で埋め尽くされ、事態は悪化していたかもしれない。

イジメの多くは、初期の段階で親が行動を起こさず様子を見ているうちに、時間だけが経ち事態が悪化する。イジメの対応は、早いタイミングでの接し方や行動が重要である。

この時のイジメは、そういう意味では、母が絶妙なタイミングで行動してくれ、私の心の中には「不安」ではなく、母が守ってくれたという「安心」があったのだと思う。だからなのか、普段は「昔イジメられていた」事など全く思い出さないが、なぜかそのシーンだけは、時々一言一句、鮮明に思い出す。

このイジメられた事件の事は、じっちさんやばっぱちゃんにも当然話していたと思うが、殆ど記憶に残っていない。それは多分、自分が学校に行きたくない程悩んでいても、母の愛情や母が味方してくれ

４歳の時 母と（1966年）

祖父の誕生日に、孫の長男大祐からプレゼント（1997年）

た安心感、そして、ばっぱちゃんやじっちさんの優しさで、いつも満たされていた毎日があったから、イジメに対しての嫌な出来事を思い出さなくて済んだのかもしれない。

とにかく、その時からイジメは全くなくなった。もちろん、私自身が何か変わったのではなく、そのイジメっ子が「ヤバい！」と思ってくれたからであるが、それから数年間は平穏な学校生活だった。

三日坊主で引っ込み思案

小学校時代の私は、三日坊主の上に、とても引っ込み思案であった。通信簿にも「積極性が足りない」とか、「大人しい性格」とか、そんなことばかり書かれており、いつも両親からは、「もっと積極的になれ」と言われ続けていた。だが、そもそもイジメられても変わらなかった私が、何のキッカケもないのに変われる訳がない。

ところが、四年生の新学期を迎えた時、そのキッカケがやってきた。

当時、学級委員長などの役を決めるのは五年生からだったのだが、担任の先生が「このクラスは四年生から学級委員長を作りましょう」と決め、その選挙で何と私が選ばれたのである。そうなると、積極性のない私が学級委員会で司会をしなければならない。否が応でも、人前で話さなければならないのだ。

結局、一学期・二学期・三学期、そして五年生、六年生になっても、殆どの学期で私は学級委員長を務めた。この経験が多少なりとも、引っ込み思案を克服するキッカケになったと思う。

ただ、小学校四年の頃に始めた剣道は、あっという間に挫折、私と剣を交えたいと言っていたじっちさんの夢をあっけなく裏切った事は、前述したとおりだ。

小学五年生からは、ソフトボールの選手に選ばれ、勉強の方もおおむね良好であったが、クラスメイトと喧嘩してナイフを振り上げ、みんなに押さえ付けられて止められ、悔しくて泣いた事があった。

小学六年生の時は、やはりクラスメイトと、畑で取っ組み合いの喧嘩をし、しばらく揉み合った後、お互いに息を切らして仲直りはしたが、自分の非力に愕然とした事もあった。

そういえば、ソロバンも習ったが、確か八級くらいで挫折した。

このように、当時憧れていた漫画のヒーロー(『硬派銀治郎』の銀ちゃん)のように、喧嘩が強くて、いつもリーダーシップを発揮している人気者、という訳にはいかなかった。

穏やかな矢吹町と、そこに住む愛情あふれる家族に育まれた私の小学校時代だったが、喧嘩に負けた事は、ずっと心の傷として残っていたし、それが私の引っ込み思案にも拍車をかけたのだろう。私自身、自分の弱い性格を自覚しており、力で負ける屈辱は、男として致命的なものであるとも思っていた。

このままでは駄目だ……何とか強い男に脱皮しなければならないという焦燥感は、この頃から確実に芽生えていた。

第三章

強さへの憧れ

優柔不断……二度目のイジメ

小学校でソフトボールの選手をやっていたので、中学校に入学した私は、当然、野球部に入部しようと思っていた。小学校のソフトボールから一緒だった、近所に住む同級生も、当然、野球部に入る筈であった。ところが彼は、「野球部には入らない」と言うので、優柔不断だった私も何となく悩み始め、大して仲も良くない別の同級生が、「卓球部を見学に行く」と言うので、同行した。

見学に行った卓球部には、中学入学と同時に必修部として入った放送部の先輩がおり、「卓球は面白いぞ。一緒にやろうぜ」と言われ、「はい」と返事をして、何となく入部してしまった。

「しまった」と思ったが、後の祭りだった。

それから半年程、卓球を頑張ったが、やはり野球が気になって仕方がなかった。雨の日など、野球部はグラウンドで練習が出来ず、体育館の隅の方で練習していたのだが、私は卓球をしながら、ずっと横目で野球部の練習を見ていた。

やがて堪りかねた私は、野球部への転部を決意する。卓球部の先輩に相談し、怒られるかと思ったら、「お前野球好きだもんな。野球部で頑張れよ」と、優しく励まされた。私は先輩のその優しさが嬉しくて、人目もはばからず泣いた。

中学校入学（1974年）

心機一転、野球部で「新入部員」としてスタートしたが、そこは決して居心地の良い場所ではなかった。遅れて入部したため、練習では、いつも球拾いばかりだった。

元々私は肩が強く、足も速かったので、小学校時代のポジションはサードで、打順は一番。中学校の野球部に晴れて入部したからには、やがてサードかショートと思っていたが、二年生の中頃になってやっと与えられたポジションは、セカンドの補欠。何で俺が？　と思ったが、監督が決めた事だから仕方ない。

それでも一生懸命に頑張ったが、セカンドのレギュラーだった同級生にイジメを受けた。私が練習をすると、とにかく邪魔をした。スパイクを踏まれたり、足を掛けられたり、小突かれたり。とにかく意地の悪い奴だった。

殴りたかったが腕に自信もなく、結局は泣き寝入り。でも、学校生活は楽しかった。放送部に所属していたためだ。朝礼は放送室でマイクの調整係、昼はみんなが昼食を食べながら聞く音楽を流す係なので、放送室で弁当を食べる。掃除の時間も、放送室で音楽を流しながら室内掃除をする。放課後は『蛍の光』を流さなければならないので、また放送室に行く。友達もよく遊びに来てくれたので、しばらく話し込んで、わざと部活に遅れて参加していた。私にとって、放送室は憩いの場所でもあったが、部活からの逃げ場でもあった。

三年生になっても、私は放送室で『蛍の光』を流す担当を申し出、居心地の悪い部活を完全にサボり始め、いつしか幽霊部員になっていた。

こうして、居心地の悪い部活から逃げて、放送室で過ごした友達との時間は、楽しき良き思い出というよりは、むしろ自分自身の情けない過去として、苦い想い出となっている。

結局、自分が弱かっただけなのだが、その時は、それらの困難を乗り越える方法すら思い浮かばなかった。

やがて、受験シーズンとなり、三年生の部活も終了し、勉強に専念する時期になる。もちろん私も、勉強に取り掛かった。ある時、「新教研」という志望校の順位が出るテストで、たまたま進学校を希望してみたところ、合格圏内という結果が出た。

近所に住む仲の良い同級生も、同じ志望校だった。しかし、私が住む集落はみんな農家。当然、長男である私は、跡を継ぐのが当たり前と思われていた。両親やじっちさんやばっぱちゃんも、農業高校に進学するのを強く希望していたし、何より、私自身が小さい頃から、農業高校に進学するのは宿命みたいに感じていた。

当然、仲の良い同級生も農業高校へ進学すると言うし、「同じ高校に行こう」と言う甘い言葉に誘われて、私も「そりゃそうだよな。農家の長男なんだし」と、農業高校に志望先を変えた。すると模試で、何と一五〇人程居た志望高校の順位で私は一位。合格を確信した私は、その後、受験勉強もせず、合格発表前の三月には、農業高校の野球部の先輩に誘われ、既に野球部の練習に参加していた。

喧嘩に負けて、憧れた「強さ」

高校入学後、最初の頃は、中学の時のうっぷんを晴らすように野球に没頭した。通っていた農業高校は、殆どの学生が寮生活だった。寮生の野球部員は、夕方六時半には部活を切り上げないと、夕飯にもお風呂にも間に合わないらしく、時間が来ると、サッサッと切り上げていた。

私のいた工学科は、寮生活ではなかったので、最後まで練習し、殆どの先輩が上がった後、もう一人居たコンビの一年生と数人のみで、グラウンドの整備や全ての後片付けをしていた。そのため、終わるのは夜の八時近くになった。それから、約一五キロある自宅への道のりを、自転車で四〇分かけて帰る毎日だった。

野球部に入部して二ヵ月が過ぎた五月頃、部活をサボって、真っ直ぐ家に帰った事があった。何気なくテレビをつけると、強烈なアニメーションが目に飛び込んできた。『空手バカ一代』である。中学の終わり頃、「少年マガジン」で読んだ漫画のテレビ版の再放送であった。アニメといっても実写版の映像も流れ、引っ込み思案で喧嘩も弱かった私には、かなり衝撃的だった。この頃から、強く「空手」を意識するようになっていった。

そしてある時、「少年マガジン」の広告欄にあった「剛柔流空手」の通信教育を、親に無理やり頼み込んで会員となった。だが、元々三日坊主の上に、内容も気に入らなくて数ヵ月ほどであきらめ、「極真空手」の通信教育へと鞍替えした。極真空手の通信教育は、自分の蹴りなどを写真に撮り、それを送って写真添削してもらう事になっていたが、やはりと言うべきか、三日坊主の私は一回も提出せず、テキストはきれいなまま本棚に飾ってあった。

この頃、私の人生を変える大きな事件が起こる。プロローグで多少脚色して書いた小説の事件、同級生Kとのケンカだ。授業中の柔道で右目をケガし、眼帯を巻いて学校に行った日の放課後、後ろから右目を軽くだが叩かれた。咄嗟に振り返ると、そこにニヤニヤ笑っているKが居た。

Kの「あっ、間違った！」と、ふざけたセリフを聞き終わらないうちに、私はKの腹に前蹴りを入れた。しかし、片目なので遠近感が狂い、当たらない。そのままバランスを崩したところで揉み合いになり、結果、倒されて馬乗りになられ、上から何発もボコボコに殴られた。悔しかった。情けなかった。屈辱で泣きたかった。しかし、この事件で「強くなること」への焦燥感に拍車がかかった。

学校生活は、気の合う友達との会話も遊びも、そして野球も楽しくはあったが、「強さ」への憧れは膨らむばかりだった。五月の連休が明けた頃、私は野球部に所属しながら、ついに空手道場を探す決心をした。

人生の師・飛田健先生との出会い

ある日の放課後、部活をサボり、クラスメイトから聞いた鏡石町の不時沼公園の隣にある、「天栄荘」という木造二階建ての古いアパートを訪ねた。そこでの出来事は、小説に書いたとおりだ。そして、これが顔中筋肉おじさんこと、飛田健先生との運命的な出会いになった。

週四回の稽古で、月謝は五〇〇〇円。決められた稽古時間は夕方六時から八時までだったが、私はいつも五時には公園に行き、九時過ぎまで約四時間の稽古をした。裸足なのでケガはするし、拳立て（拳をつくっての腕立て伏せ）では、砂が拳にめり込む。公園の遊具を活用して、滑り台で腹筋、ブランコを捌《さば》き、鉄棒を前後に跳んだ。稽古はあまりに厳しく脱落者も多かった。だが、私は最後の黙想が終わると、何とも言えない充実感で満たされた。

初めて出会った顔中筋肉おじさんの飛田先生は、英語塾を主宰しながら「空手」も教えていた。とにかく変わった先生で、自宅の電話番号や住所も覚えていないし、運転免許証も持たないなど、世辞に疎かった。ところが英語力は飛び抜けていて、当時、東北で六人くらいしか居ない政治・経済の同時通訳士だったようだ。早稲田大学を卒業して新聞社に入社。辞めてアメリカに渡り、日本に帰って来て、北海道で牧場を始めたが、雇ったのは荒くれ者ばかり。中には、後にヤクザ組織のトップになった者も居たというから驚きだ。

私は飛田先生から「トモ、トモ」と可愛がられ、男の生き様みたいなものを沢山学んだ。二十歳になると、スナックに連れて行って頂き、お酒を飲みながら様々なお話を伺った。「本質を見極める事、人

不時沼公園（現在）

飛田建先生（1984年）

を差別しない事、あきらめないで続ければ夢は叶う事」。社会で強く生きるために必要な貴重な事を教えて頂いた。

飛田先生と出会わなければ、間違いなく今の門馬智幸は居ない。

野球に挫折して空手の道へ

優柔不断な私だったが、空手の入門を早々と決め、当時は週二回程空手に行き、それ以外の五日は部活に行っていた。野球の練習で、私は遠投が得意だったので、先輩達に「お前、肩良いな～」と褒められ、それがとても嬉しかった。お陰で一年生からピッチャーとしての練習メニューを与えられ、私自身もやる気満々だった。しかし、空手の稽古のために週二回部活をサボり始めたのだから、やはりと言うべきか、野球部の顧問の先生から職員室に呼び出しを食らった。

「最近真面目に練習に来てないな。あ～空手やってるのか？　何で空手？　空手なんかやってどうする？　空手なんて危ないだろ。空手なんて将来役に立つか？　空手なんて……」と、延々と空手を否定された。

そして最後に、「空手と野球の両方は駄目だ。どっちかにしろ」と言われ、ついカチンときた私は、「空手にします！」と、間髪入れずに言ってしまった。この顧問の先生は、野球の経験は全くなく、部活にも殆ど顔を出さないので、野球に対する思い入れはそれほどなかったと思う。それなのに、空手をそこまで否定するのか？　と、不満が爆発してしまった。

「何で両方とも頑張っちゃいけないのか？　寮に入っている同級生達と一緒に上がらせてくれれば、

空手に行くにも何とか間に合う。何で両方とも頑張れるように応援し、励ましてくれないのか……」。今考えれば、先生が言う事もわからなくもないが、奇しくもこの問題が、今の日本の部活動の現状である。

少々話は逸れるが、私は空手の指導に役立つとの考えから、スポーツインストラクターもしていた時期があり、その時、日本の部活動の現状を目の当たりにした。

日本と海外のスポーツ文化における大きな違いは、日本では一人単一種目のスポーツが主流であるが、海外では一人多種目のスポーツを行うのが主流である。

何故海外は一人多種目かというと、一つの競技に専念して似たような強度の運動を繰り返すと、同じ部位だけが働き続け、その部位のみに負担が掛かり、競技特有のケガで潰れてしまう事が多いからである。

プロ野球ソフトバンク監督の工藤公康氏が、「小学生のエースは全員肘を痛めている」と警鐘を鳴らし、また、大リーグ・マリナーズの元トレーナーの森本貴義氏も、「日本の野球は、中学までは世界トップ。日本特有の長く厳しい練習で、技術面では優位だが、その後は伸びない。元々体の強い選手が生き残るだけ。米国では特定の競技だけを集中して行う事はなく、高校生も二つ以上行う。一つの競技だけだと特定の故障を起こしやすいが、いくつかの競技をすると特定の箇所に負荷がかかる事はない」と言っており、日本のスポーツ障害の現状を憂いている。

近年、ようやく日本でも注目されてきたが、「コーディネーショントレーニング」というものがあり、これは競技の動きの習得を目指すのではなく、その土台となる体の使い方や動かし方を身に付け、運動能力全般を向上させる事を目的としたトレーニングである。

一つの競技で行われる体の動きは極めて限定的であり、運動の応用が利かなくなる事から、複数の競技で様々な動きを経験する事によって、動きの巧みさや素早さなど、本来持っている身体能力をより生かすのである。

また、異なる競技を行う事で、精神面でもモチベーションを維持しやすく、いわゆる「バーンアウト(燃え尽き症候群)」になりにくい。

現在の部活動のあり方により、多くの子どもが高校生か大学生になるまでにはスポーツを辞めてしまうが、これは、大半のスポーツは、ピークパフォーマンス(全盛期)が二五歳前後なのに対し、日本の部活動などの指導者は、ピークパフォーマンスを中学生か高校生(一五~一八歳くらい)に持っていこうとして、結局、スポーツ障害に加え、バーンアウトによる運動離れに拍車がかかるからである。

このようなことから、門馬道場では、せめて中学生頃までは一つの運動に偏る事がないように、例えば空手とサッカーとか、どちらかを主にしながらも、両方とも継続する事の大切さを教え、それが将来社会に出た時に、仕事でも一つの事にしか取り掛かれないとか、あれがあるからこれが出来ないなどと、出来ない言い訳をするより、やれる方法を考えていこうと、出来るだけ両方とも継続するように推奨している。

もちろん、例えばフィギュアスケートや体操などの競技特性や、野球でも本気で甲子園やプロを目指すなど、取り組むレベルの差はあるので、一概には言えない。「一意専心」……一つの事に集中しなければ、継続さえ覚束ない世界もある。なので、あくまで一般論である。

話を戻すが、当時、部活の日は夜八時半過ぎ、空手の日は夜九時半過ぎに帰宅と、毎日がクタクタだったが、それでも野球も空手も必死に頑張ろうとしていた気持ちを、この顧問の先生に砕かれた気がして、結局、野球部は辞めてしまった。この時は先輩方にこっぴどく怒られたし、私を可愛がってくれていた先輩方に対し、申し訳ない気持ちで一杯だった。

だが、この出来事があったからこそ、門馬道場では、部活と空手の狭間で悩んでいる子どもや保護者の方々の相談に乗る時には、慎重にアドバイスするようにしており、今となっては良い経験ではあったと思う。しかし、正直、途中で野球部を辞めてしまった事は、私にとってはとても苦い思い出である。

それからの私は高校卒業まで、火・木・土・日と週四回は「飛田空手」にどっぷりとハマり、それ以外の曜日は自宅で稽古した。同級生達がスキーに行っても、どこかに遊びに行っても、一切振り向く事もなく空手に没頭した。

この道場は、フルコンタクト空手（寸止めではなく直接打撃する空手）ではあったが、極真空手とは違っていた。しかし、大学生になった先輩方が、東京の極真会館本部（池袋にある極真空手の総本部）や、埼玉の極真支部などに入門しており、休みで帰省する度にその空手を教えてくれたため、稽古自体は極真空手そのものであった。

こうして、野球に挫折した私は、苦く悔しい思い出を胸に秘め、その反動からか、空手一筋の高校生活が始まり、高校三年生が終わる頃には、飛田道場の黒帯になっていた。

極真空手とは

極真空手は「地上最強の空手」と言われ、特徴はフルコンタクト、つまり直接打撃制による空手で、それまでの伝統派と呼ばれる「寸止めの空手道」とは一線を画す。

防具も付けず、自身の手を研ぎ澄まされた刀剣とし、鍛錬された体そのものが防具となり、武器となる。しかし、そこに至るまでには、底知れぬ努力と忍耐を要する。

そのためにも、実際に戦う稽古が必要で、その厳しさの中で強さを養う。腕力や技術面における強さは言うまでもなく、厳しさに耐える事により、我慢強さや忍耐強さが培われる。突きや蹴りといった練習の中で痛みを覚え、これが相手への思いやりとなり、優しい心を育てていく。

また、武道の世界では、礼儀と尊敬の心を学ぶのは基本である。道場訓の一節にも、「吾々は礼節を重んじ、長上を敬し、粗暴の振る舞いを慎む事」とある。「目上の人を敬う心を養い、決して人前で空手を誇示してはならない」という意味である。

武道は、自分自身との戦い、と言われる。しかし、稽古の中では、多くの仲間と技を競い合い、先輩、同輩、後輩達との団体生活の中で協調心を培い、和合の大切さを体で覚える。その中で、人生の師と出会うのだ。

極真空手の創始者は大山倍達総裁。凄まじい修行、世界を股に掛けたあらゆる格闘技との死闘……。果ては、牛とまでも闘い、ビール瓶を手刀で真っ二つにする手は、「ゴッド・ハンド」と呼ばれた。総裁の活躍は、漫画『空手バカ一代』で紹介された。

「押忍」の精神

空手界で便利な挨拶として使われている「押忍」は、今や世界の二〇〇近い国と地域で用いられている言葉となった。また、ブラジリアン柔術、柔道など、ほかの武道へも広がっている。主に挨拶の言葉として使われるが、時には、返事や意思表示などにも使われる。

大山総裁が、「私の空手は世界中に広がっている。どこの国でも道場の中で使用する言葉は日本語だ。押忍で始まり、押忍で終わる」と言うように、極真カラテの「押忍」は、拓殖大学に居た大山総裁から継承され、世界に広がったのだろう。

不動立ち（両足を肩幅に広げ、両手を握り、腰の前に置く）の姿勢から、両腕を胸の前で交差して十字を切り、大きく振り下ろしながら頭を垂れ、「押忍」と発するのが、極真空手をはじめとするフルコンタクト系流派の立礼の特徴だ。

しかし、初期の極真全日本選手権大会では、試合前の立礼は気を付けの姿勢で、指先を真っ直ぐ伸ばし、一般的なお辞儀をしていたようだ。それがいつの間にか、今の形に変わったようだ。

「押忍」の精神は、尊敬・感謝・忍耐であるが、秩序ある集団行動の象徴として、指導にも使い、的確な意志疎通を図っている。

ただ、一般の挨拶用語とはかなりかけ離れた、独特の響きがあるため、特殊な世界の言葉であるかのような違和感を与えるのも否めない。「押忍」に抵抗感を持つ人も居る。

確かに、問答無用の服従を強いられるような封建的社会となり、空手の稽古を離れた個人の中にまで浸透するのは、問題となる場合もある。

「押忍」という言葉をどのように用いるかは、その人自身の人間性に託されている。

勇気をくれたじっちさん

野球部を辞めて、空手にハマった私だが、元来、何をやっても続かなかったのだから、その片鱗が時たま顔を出す。当時、火・木・土・日の夕方五時から稽古だったのだが、たまに空手をサボって家に帰った事もあった。

当然、稽古の日の夕方に、私が家に居るのはおかしいので、友達の家で遊んでから適当な時間に帰っていた。ある日、真っ直ぐ家に帰ったら、不審に思ったのか、じっちさんがやってきて、「今日は空手ないのか？」と聞いてきた。

一瞬、嘘をつこうか迷ったが、仕方なく「組手（相手と本気で突き蹴りで戦う稽古）が怖い。ケガばかりするし……」と、正直に弱気な気持ちから稽古をサボった事をじっちさんに打ち明けた。

当時、空手そのものは好きなのだが、どうにも組手だけは苦手だった。組手では先輩にボコボコにされ、同輩とやってもケガをするし、とにかく痛くて怖かった。だから組手の時間が本当に嫌で、逃げ出したかった。

するとじっちさんは、私を隠居部屋に呼び、自らの戦争体験を話し出した。

「戦争はな、さっきまで隣で話していた人が、次の瞬間、鉄砲で撃たれて顔が爆発して死ぬんだ。追われて逃げ、崖をよじ登って、途中で撃たれて転落して死ぬ。空襲が来れば田んぼの泥の中に全身、顔まで埋めて息も出来ない状態で隠れた。それが戦争だ。それなのになんだ！　空手の組手が怖い？　ケガが痛い？　そんなの戦争に比べたら何でもない。弱音吐いてないで頑張れ！」

中学生の後半から高校生になる頃、じっちさんはよく戦争の話をしながら、衝撃的な写真も見せてくれたが、その時もまた戦争の写真を見せられた。何度も死に直面したであろうじっちさんの話は、説得力があった。身体が震えた。何で俺は臆病なんだ、弱すぎる。こんなんだから、何やっても続かないんだよな。本当に心からそう思ったし、勇気が心の底から湧いてきた。よし、絶対強くなってやると、身体中に力がみなぎった。

次の稽古から、組手は絶対逃げなかった。空手はいくら辛くても怖くても、稽古着を脱げば全てから解放される。たった数時間の我慢だ。戦争に行った人達に比べたらどれだけラクな事か。

戦争と空手を比べるのが良いか悪いかは別として、私に勇気を与えてくれたのは、じっちさんの戦争の体験談である。その話の中には、「平和ボケ」した若者に対するじっちさんの警鐘もあったと思う。

祖父の復員の記念写真（1945年）

第四章

苦悩……仕事と空手の狭間で

極真会館に入門

一九八〇（昭和五五）年に高校を卒業すると、農業後継者だった筈の私は、農業を継がずに就職した。当時、一八歳で農家をやるにはまだ抵抗があったのだ。実際、農業高校なので農家の長男坊が集まっていたのだが、高校卒業と同時に農家を継ぐ人は三割も居なかった。

正直に言うと、農業が嫌いで、何とか農業から逃げる方法はないものかと模索し、「三年間だけ外で働かせて欲しい」という約束を両親と取り交わし、近所にあったカメラ製造会社に入社した。

会社勤めは楽しかった。家から近いため通勤は歩きかバイク。帰りは時間が合えば、よく友達と遊びに出かけた。男性より女性が多い会社で、現在のように週休二日ではなかったが、仕事もラクだし空手の時間もたっぷり取れた。

相変わらず、飛田道場には週四回通っていたが、高校生の時、たまに帰ってくる極真会館本部や支部に入門した先輩達の話に、胸を躍らせていた私は、その頃からずっと、極真会館に憧れていた。就職して間もなく、私は極真会館に入門したい気持ちをどうしても抑えきれず、満を持して飛田先生に直訴した。

極真空手に入門した18歳の頃（1980年）

「先生、自分は極真会館に入門したいです。でも飛田先生のところは辞めたくありません」と言うと、「おー、行ってこい。大山先生は素晴らしい空手家だ。トモももっと強くなるだろう」と言ってくれた。

私は、一八歳で郡山市にあった極真会館に入門した。車の免許は取得していたが、自分の車はなかったので、道場へは父の車を借りて、片道三〇キロ近い道のりを週四回通った。

しかし、新卒の安月給ではガソリン代がバカにならず、月謝を払うのもままならず、そのうちバイクで通う事が多くなった。

郡山市を南北に縦断して流れる阿武隈川より、一本西側の道路沿いにあったその道場の窓には、全部鉄格子が入っていてとても不気味だった。建物は、元々犬の訓練所だったらしく、そこを借りて道場にしたからだと記憶している。

そんな道場でも、当時は映画『地上最強のカラテ』や、劇画『空手バカ一代』などのヒットで、空

20歳の頃、極真空手の道場での審査会（1982年）

前の空手ブームが巻き起こり、道場には常に三〇人近い大人が通っていた。現在のように、女性や子どもなどは殆ど居なかった。稽古の内容は、飛田道場とほぼ同じだった。だが、飛田道場はみんな仲が良いから、組手では多少の加減があるし、止めは刺さない。しかし、この道場は入門する人も多いが、辞める人も同じくらい多く、常に知らない者同士だから、組手でも全く遠慮しない。常に真剣勝負である。まして先輩方は、人が多いので「間引き」しようと、組手では徹底的に痛めつける。「参りました！」と、二回言っても、三回言っても、止めを刺しに来る先輩も居て、毎回、体中がアザだらけになった。

そんな事から、稽古の度に「今日の組手の時間を無事に過ごす方法」ばかり考えていたが、そんな甘い考えが通用する筈はなかった。

ある日の稽古では、組手を避けるために、実際はさほど痛くもない腕に湿布と包帯を巻いて参加した。組手の前の金的カップを装着する時、指導員の先輩に、「今日は手をケガしているので組手を休ませて下さい」と言うと、「じゃ、足だけで戦え」と言われた。結局、さほど痛くもない手を意地でも使えないまま、ボコボコにされてしまった。

私は飛田道場で空手を経験し、黒帯になっていたので、簡単にはやられなかったが、倒れるまで何人でも相手をさせられるので、結果は同じだった。

高校の頃、じっちさんの戦争体験を聞き、「戦争に行った人達に比べたらどれだけラクな事か」と、弱い自分を克服した筈なのだが、やはりここは違う、極真なんだ、甘い世界じゃないんだと、何度も心が折れかけた。

毎回、稽古に行きたくないという思いが頭をよぎった。バイクで通う片道三〇キロ近い道中、いつ引き返そうかと、何度思ったかわからない。道場の近くまで行って、鉄格子越しの稽古を見たら、怖い先輩が居るから帰ってきた事もある。時には、三ヵ月くらい稽古をサボり、先輩から連絡が来て、やっとの思いで稽古に参加した事もあった。それでも休んでは奮い立ち、奮い立ってはケガをして、また休みながらも、極真の道場で生き残る事に必死だった。

今ではあまり考えられないが、前腕は常に打撲で紫色、胸も打撲で黄色くなり、突き指は当たり前、脛はボコボコ、歯が折れたり、肋骨が折れたり、目を蹴られてしばらく目が真っ赤だったりした事もあった。それくらい、当時の組手は激しかった。

しかし、稽古を終えた帰り道は、足のダメージでバイクのギヤも替えられない程なのに、心の中は「今日も頑張った、逃げなかった、そしてまた少し強くなった」という、充実感が心を満たしていた。

初めての県大会出場（1981年）

飛田道場での指導スタート

二〇歳を迎えようとした頃、私は極真空手の道場に通いながら、飛田先生の命を受け、矢吹町で飛田空手を教えるために、町の施設を借りるべく奔走した。

役場に行き、町の体育館を空手の稽古で貸して欲しいと話したが、まともに取り合ってもらえなかった。「空手は壁に穴をあけたりするから貸せない」という、訳のわからない理由からだった。

町の中心部にある施設を中心に、いくつも施設を訪ねたが、「空手道場？　貸せないな」と、どこでもろくに話も聞かずに門前払いされた。全く空手を理解しようとしてくれないばかりか、話さえ聞こうとしない人達に対して不信感が募った。

あきらめきれない私はある日、矢吹町の東端の三神地区にある「矢吹町多目的研修会館」を、ワラにもすがる思いで訪ねた。会館は自宅からちょっと遠いし、周りにあまり人家もなかった。条件面では良くなかったが、町の中心部に近い場所が見つからないので仕方ない。

当時、藤井さんという年配の方が管理人をしており、私が行くとお茶を出してくれた。

「門馬と申します」と名乗り、訪問の主旨を話すと、最後まで聞いてくれた上で、何と、私の祖父を知っていると言う。「栄さんの孫かい？」と言って、植木の話までされた。内容は詳しく覚えていないが、結果、「貸してあげられるように段取りするから待ってて」と言われ、何ヵ所か電話をかけて、確かその場でオーケーの返事を頂いたと記憶している。

空手指導をスタート（1982年）

21歳の頃 海岸での稽古（1983年）

孫の私が言うのも何だが、じっちさんは、仕事も堅かったし、約束は絶対守るし、とにかく信用があった。私が矢吹町で空手を普及発展させる上で、「栄さんの孫、勝一さんの長男」という肩書は、絶対的なものだった。

こうして、週に一回ではあるが、どうにか稽古場を確保し、遂に私も空手の先生として、矢吹町での指導をスタートさせた。

須賀川道場開設

就職して間もなく三年が経とうとしていた。親と約束した会社員の期間満了を迎えたが、またもや私は農家を継ぐのを放棄した。

きっかけは、ある土曜日の夜の友達との飲み会だった。その席上、私が「ああ、明日また会社か……。仕事、つまんねー」と言ったら、隣で友達の一人が「明日は会社だぁ……。俺は仕事が面白い！」と言った。

私は「何で、仕事が面白いの？」と聞いてみた。

友達の仕事は土木設計らしいのだが、楽しくやりがいがあり、将来、独立開業も可能だと胸を張った。「よーし、俺も独立開業して社長になる」と思ったら、メチャクチャ希望が湧いてきた。私は友達の話を真に受け、数日後、会社に辞表を出した。

結局、最初のカメラ会社は二年一〇ヵ月で辞め、土木設計会社に就職が内定した。だが、採用一ヵ月前に、そこの社長が脳梗塞で倒れ、内定は取り消され、私は途方に暮れた。慌てて次の会社を探したが、そう簡単には見つからない。仕方なく、須賀川市牡丹園（東洋一の牡丹の花の公園）の向かいにある、ガソリンスタンドでアルバイトをする事になった。

間もなく二一歳になろうとしていた時である。だが、人生とはわからないものだ。そのガソリンスタンドに、当時の極真会館の福島県南支部長が、「門馬がスタンドでバイトしている」というのを耳にして、わざわざ郡山市から給油に来てくれたのだ。そして、帰り際に「須賀川で先輩のSと一緒に道場を開設したらどうか」と勧めてくれた。

当時、片道三〇キロの道のりを通うのはなかなか大変で、バイトの身でお金もスッカラカンだった。渡りに船で、「押忍。やらせて下さい」と即答した。

ガソリンスタンド向かいの牡丹園の中には、牡丹台球場と牡丹台体育館がある。早速、牡丹台体育館を週一回借りるべく、市役所に申請した。入門者募集のポスターを手書きで作り、電柱やあちこちの壁にも貼った。私の勤務するスタンドにも貼ってもらった。

一九八三（昭和五八）年の五月か六月だったと思う。宣伝の成果か、一〇人弱の生徒が集まり、須賀川道場がスタートを切った。

ただ、先輩のSさんは、正直、何もしなかった。稽古に来て先輩面するだけで、私や生徒は自分の稽古台くらいにしか考えていなかったように思う。極真空手の普及・発展に夢中になっていた私とは、スタンスが違った。

そんなある日、S先輩が「俺の攻撃を受けてくれ」と言ったので、「押忍」と返事をし、彼の素手の全力での突き・蹴りを受けた。こちらは一切手を出せない。数分間耐えたが、彼は完全に倒しに来ていた。

やるせなかった。極真の世界で、理不尽さを一々嘆いていたら何も始まらないが、完全に無抵抗の後輩を本気で潰しに来るとは……。そんな事が何度も繰り返され、さすがにこの先輩との関係は、徐々に悪い方向へと傾いていった。加えて、入門者に対しても先輩は同じような事をしていたので、道場生は一人、また一人と居なくなっていった。

「一体、空手道場にみんなは何を求めて入門するのだろう?」

と、私は自問自答した。

現在と違い、当時の入門動機は皆一様に、「喧嘩に強くなる事」だった。空手とはそういうものだと信じて疑わなかったが、一〇人入門して八人がすぐに来なくなる。純粋に強くなりたくて、勇気を振り絞って入門した少年が、入門したその日にボコボコにされて辞めていく。根性がないと言えば、もちろんそれまでだし、これが極真だと言えば、確かにそうかも知れなかった。

でも、それで良いのか……。みんな辛いから辞めていくのか、痛いから辞めていくのか……。違うんじゃないか。問答無用で後輩を平気で完膚なきまでに叩きのめす、その道場の指導者としての人間性に、失望して辞めていく人も居るのではないか……。そんな思いが沸々と湧き出た。

絶対に、この先輩の指導は間違っている。厳しさの中に優しさや思いやりの欠片もないし、この先輩に指導者としての「信念」は全くない。

私にはこの頃から、空手の社会に対する役割や、入門する人達が空手に何を期待しているのか、指導者として空手で何を伝えたいのか、それらの信念がないと、空手はいずれ廃れていってしまうのではないかという、危機感が芽生え始めていた。

人は空手を学ぶ時、その指導者の人間性や空手に対する「情熱」、そして指導者としての空手に対する「信念」に付いていくのではないだろうか。

相変わらず、先輩の傍若無人な稽古が続いていたが、それでも、何とか数名の道場生は残っているので、私もとにかく稽古は休まなかった。

しかし、スタンドのアルバイトは、休みはウィークデーに一日だけで、土・日の休みはなく、終了時間も一九時だったので、目の前の須賀川道場には何とか間に合うが、日曜日の夜の、矢吹での飛田道場は、どうしても遅れての指導にならざるを得なかった。当然、飛田先生との稽古も殆ど出来ず、郡山の県南支部での稽古にも行けず、色々な仲間との交流も少なくなってしまっていた。

仕事での苦悩

季節が一巡した頃、ついに私にもチャンスが巡ってきた。アルバイトではあるが、土地家屋調査士事務所に採用になり、いよいよ独立開業に向けた一歩が始まった。

望んでいた土木設計事務所とは違うが、多少関連はしているので、これも勉強だし経験だと割り切り、私なりに頑張ろうと決めた。

そして、この時期に私は結婚を決意した。

特別な理由はなかったが、やはりタイミングであろうか。両親はもちろん、特に相手のお母さんからは「まだ早い」と大反対をされた。

本来、私もアルバイトの身なので、そんな気もなかったのだが、たまたま地元の結婚式場の営業の方が両親の知り合いで、私達の噂を聞き付けて自宅に来た。仕方なく話を聞いたら、あれよあれよと言う間に術中にはまり、半分強引に日程を決められ、現在の妻、秀子と結婚式を挙げた。

そして、丸一年後には長男の大祐が生まれた。

親父にもなったし、ちゃんと正社員になり、腰を落ち着けられる仕事に就かなければと、気持ちだけは焦っていたが、土木設計会社の求人募集もなく、かといって自分から何か行動を起こす事もなく、ぬるい感じで毎日を送っていた。

須賀川道場は、牡丹台体育館から、須賀川市役所脇の市民体育館へと場所を移していたが、相変わらず人数は少なかった。

しかし、矢吹の飛田道場は、町の外れの矢吹町多目的研修会館から、中心部に近い矢吹中学校体育館に場所を移し、道場生は徐々に増えて、中学・高校生を中心に三〇名を超していた。私は飛田道場の稽古に躍起になり、

上段回し蹴り（1985年）

やがて隣の鏡石町の勤労青少年会館でも道場を開設して、指導をスタートさせた。

こうなると、元々折り合いの悪かったS先輩と一緒に稽古するより、飛田道場で稽古した方が遥かに楽しく、須賀川道場からはいつしか足が遠のいていった。

こうして飛田道場での稽古回数が多くなり、極真の道場に通う意味を見出せなくなっていった。私は何度か支部長が働いている職場を訪ね、迷いを相談した。支部長は須賀川でも本部でもよいから、道場に顔を出すように声を掛けてくれた。

お陰で、その後も本部開催の大会に出場し、審査会や演武会などにもかろうじて参加していた。だが、会場で須賀川のS先輩に会うと、あまり良い顔はしなかったので、極真の道場自体、決して居心地の良い場所ではなくなっていた。


今、改めて考えると、この須賀川のS先輩の気持ちは、よく理解出来る。極真一筋できたS先輩にとって、私のように飛田道場から極真に入門したかと思えば、並行して飛田道場でも指導しているなんて、あり得ないのだろう。イヤ、本当は飛田先生や、飛田道場の先輩や仲間達にも失礼この上ない。当時、そんな事を全く考えていない訳ではなかったが、やはり若さゆえ思いが深く至らなかった。私の我がままを周りが大目に見ていてくれていたのかと思うと、汗顔《かんがん》の至りである。

結婚して子どもも生まれ、まともな職に就かない割には、毎日が目まぐるしく動いていた。将来への不安からか、だんだんと気持ちは空手から離れ始めていた。結婚という人生の転機を迎えたにも関わらず、この時期の記憶はわりと色褪せている。

それでも、土地家屋調査士の事務所で、登記や測量の仕事に携わりながら、やはり土木設計の仕事で生計を立てたいという想いは、ますます強くなっていた。

ある日、遂に土木設計会社の求人募集を見つけ、喜び勇んで早速応募した。履歴書を持って、自宅から車で約三〇分の隣町の設計会社に面接に行き、やっと正社員での採用が決まった。会社の代表である角田社長は、「将来、独立出来るように頑張って下さい」と期待してくれた。

私は、「よし、ここで女房と子どものためにも気合を入れて働かなくちゃならない。頑張るぞ」と、心に誓った。

しかし、「今日からよろしくお願いします」と、菓子折りを持っての初出社の日、いきなり残業で夜の九時まで仕事をさせられた。なんだ、この会社は？　と不安に思ったが、とにかく頑張るしかないと、自分に言い聞かせた。

次の日も定時で帰れない。また次の日も同じだ。就職して半年も経った頃には、一ヵ月で三〇〇時間近い残業をしていた。帰るのは毎晩深夜の二時過ぎ。基本的に休みはなし、日曜も出勤である。とにかく家に帰ったら、すぐ風呂に入り、寝静まっている部屋の布団にそっと潜り込む生活が続いた。朝は六時半に起床、七時半には家を出なければならない。

ところが、私がちょうど寝付いた頃、子どもの夜泣きで起こされる。寝不足が続き、つい私も「うるさくて眠れない」と怒ってしまう。当時は本当に寝る時間がなく、心に余裕など全くなかった。

そんな時、女房は大祐を車に乗せ、夜中の街を走らせていたと言う。彼女も会社勤めをしていたのに、今さらながら申し訳なさでいっぱいだ。

私の母親は、農家の仕事で孫の守りが出来ないので、女房の実家まで私が連れて行って、孫の守りを頼んだ。自宅から女房の実家を経由し、そこから勤務する会社までの移動距離は約二五キロ。その道のりを毎朝運転するのは、かなりキツかった。毎日が寝不足でクタクタだった。会社では、お昼になって弁当を食べると、速攻で寝ていた。

もちろん、平日の夕方から空手の稽古に行っている時間など、一切ない。月に一度くらい日曜日に休める日もあったが、そんな日は、とにかく日中は家族サービス。どうにか夜だけは時間を取り、飛田道場に稽古指導に行った。当然ながら、自分自身の稽古らしい稽古は出来なかった。こんな状態では駄目だと、いつも心は叫んでいた。

ある日曜日、しばらくぶりに早く帰る事が出来た。早くといっても、夜の八時過ぎだ。そして久々に大祐を風呂に入れたら、反り返って泣かれた。我が子の歯が初めて生えたのも、初めて歩いたのも、全くわからず、起きている子どもと顔を合わせる事が殆どないほど忙しい日々。さすがにこの時はもう限界で、「一体、俺は何をしているんだろう？　子どもに懐かれない父親って……」と、我が身を振り返った。このままでは家族が崩壊するという不安で、もう会社を辞めようと思った。

我が師・飛田先生、死す

いつ会社を辞めようかと、悩む日々が続いた。空手も月一回の稽古がやっとで、毎日が不完全燃焼だった。そんなある日、飛田先生が体調を崩して、「入院した」との連絡が奥様から入った。慌てて病院に見舞いに行ったが、結構元気そうで一安心。その時は、一ヵ月くらいで退院された。

しかし、安心したのも束の間、数ヵ月後の年末に、またしても入院。再び退院したのは、年が明けた一九八七（昭和六二）年の三月頃だった。自宅にお見舞いに行った私は、飛田先生の姿を見てがく然とした。顔中筋肉だらけで、ガッチリ四角だった先生は、顔も身体もガリガリに痩せ、寝たきりになっていた。私に気が付くと起き上がろうとしたが、力が入らないのか、起き上がれない。それでも、最後まで私への気遣いを忘れなかった。

肝臓がんの末期状態だった飛田先生は、四七歳の若さで亡くなった。私が二五歳の時だ。遺言は「俺の葬式は、みんなでカラオケでもやって楽しく過ごして欲しい」だった。奥さまが「主人は、トモ（飛田先生は私をトモと呼んでいた）に歌って欲しいって言ってた……」と言うので、私も、そして弟子達も、みんなでどんちゃん騒ぎをして、泣き笑いしながら、涙が枯れるまで歌った。

晩年の飛田先生から言われた、忘れられない言葉がある。

「五年、十年は誰でも続けられる。二十年、三十年続けて、ようやく本物だ。あきらめないで続けていれば、必ず夢は叶う」

この飛田先生の教えこそ、門馬道場の原点である。

飛田先生の葬儀が終わり、心はぽっかりと穴が開いたように空虚だった。半面、毎日が仕事に追われて忙しく、なかなか空手に行けない生活が続いた。

しかし、道場に行っても飛田先生は居ないという寂しさからか、空手の稽古に行けないという焦燥感は徐々に薄れ、いつしか空手に対する情熱さえも冷めかけていた。

いつ「会社を辞める」と言いだそうか、時期を見計らっていた私だが、空手の存在感が薄れた事で、ウジウジしていた気持ちが消え、仕事に集中することが出来た。元々憧れていた設計の仕事であり、設計自体が好きだった事から、結局、農家を継ぐ親との約束は、なかなか果たせず、二七歳になるまでこの会社にお世話になった。そして会社を退職した一九八九（平成元）年九月、二男の将太が生まれた。

第五章

再生……いばらの道へ

「門馬設計事務所」として独立

一九八九（平成元）年四月、それまで勤務していた角田社長の会社を退職すると同時に、二七歳で土木設計会社を立ち上げ独立した。と言っても、満を持して会社を設立した訳ではない。親父の体調が悪かったのがきっかけで、そろそろ約束どおり農家を継ぐかたわら、合間を見て個人で設計の仕事もやろうかな、というくらいの気持ちで始めたものである。

「門馬設計事務所」は、独立開業の道を順風満帆に歩き始めた。それは前の会社の角田社長が、独立と同時に、私に仕事をまわしてくれたからだった。

散々会社の悪口めいたことを前述したが、それはあくまで仕事が沢山あって忙しかった事に起因する。角田社長自身は、とても温かく優しい人である。私に対して本当に期待してくれていたし、たまに気晴らしにと、お酒を飲みにも連れて行ってくれた。

現在、私が設計の仕事を継続出来ているのも、角田社長と一緒に色々な仕事を経験させてもらったお陰である。角田社長とは、今でも懇意にさせてもらっている。ただ、忙しすぎて空手の稽古にあまり行けなかった事は、今でも根に持っており、たまにイヤミも言うようにしている。感謝の意を込めて……。

独立して最初の一年間は、角田社長からまわしてもらった仕事のみを一人でこなしていた。やがて、幸いな事に他の会社からも設計の仕事が次から次へと舞い込み、気が付けば寝る間もない程、忙しくなっていた。

仕事が多くなれば中途半端は許されず、パソコンや設計に必要な様々なソフトなども必要になる。資金面も考えると、「会社組織にしてやらないと無理だな」と感じ始めていた。

格好良く独立した、と先述したが、私はこの時点で、独立開業するのに必要な測量士の資格を取得していなかった。設計の世界は学歴至上主義だ。大学に行っていないと、国家試験で資格を取得するのは非常に難しい。しかし、今さら仕事を断る訳にもいかない。それなら、資格を独学で取得しようと思い立ち、早速、次の日から受験参考書を買って、勉強に取り掛かった。

年に一回の国家試験は、五月の第三日曜日だったので、その時点ではまだ半年以上あった。だが、とにかく仕事がどんどん来るので、勉強する時間が取れなかった。と言うより、なかなか勉強する気になれなかった。心のどこかにまだ余裕があったというか、全く必死になっていなかったのである。


一九九〇（平成二）年五月、迎えた受験の日は、幼稚園児の大祐が、翌年入学する小学校の運動会に招待された日だった。父親としては、見に行って応援してあげたかったが、試験は年に一回だから仕方ない。私は、仙台市の試験場まで朝早く出発し、試験に臨んだ。

午前中の試験は、択一なので何とかこなしたが、午後の筆記試験は、問題を見た瞬間にあきらめるくらいのレベルだった。私は退室が許される開始一時間を待って、殆ど白紙の答案用紙を置いて出てきた。「こりゃ無理だ。専門学校か大学に行かないと資格は取得出来ない」。帰宅してから女房に力説した。女房も「仕方ないね」と、納得してくれているように思えた。

相変わらず、仕事に追われ忙しい毎日。仕事をしている瞬間は、確かに充実している。だが、頭の片隅には、このまま中途半端に、法人にしないでモグリみたいな個人事務所で終わってよいのかという、心の叫びが常にあった。一方で、今さら専門学校など行けないし、家族を食べさせないといけない……などと、色々と言い訳ばかりが浮かぶ。負け犬みたいな自分の情けなさが、胸にずっと渦巻いていた。

年の瀬を迎える頃だったか、ようやく自分の中で覚悟が芽生えた。

「よし、もう一回挑戦してみよう！」

来年の国家試験の日も、今年と同じ五月の第三日曜日。この五月の第三日曜日は、大祐が小学校へ入学して初の運動会の日と重なっていた。来年合格しなければ、再来年もまた重なり、下手をすると、永遠に運動会に行ってやれない。「大祐が可哀想だ」。そう考えると、少しでも仕事の合間をぬって勉強する時間を作ろうと思った。勉強といっても、参考書三冊をとにかく暗記する事と、過去問題をひたすら解く事だけに専念した。

仕事で遅くなっても、風邪で具合が悪くても、飲み会が終わった後でも、とにかく毎日参考書を開くようにした。基本的に一日二時間、どうしても時間がない時でも最低二〇分は、参考書を睨んだ。

そして受験前日、仕事を終えて自宅に帰ると、窓のところにテルテル坊主が逆さまに吊るしてあった。女房に理由を聞くと、大祐が「明日雨降らないかな……。そしたら運動会が明後日に延期になって、お父さんも来られるでしょ」と言いながら、一生懸命作って吊るしたと言う。テルテル坊主を逆さまに吊るすと、雨が降るらしい。

これは絶対合格しなきゃ駄目だ。明日合格出来なかったら、大祐に来年もこんな思いをさせてしまう。受験当日、午前中の択一を終え、午後は筆記。鉛筆がスラスラ動く。全部わかる。試験を受けながら、合格を確信した。

一九九一（平成三）年七月二五日、念願の合格通知が届いた。

「大道技術設計」を設立

独立して会社設立までの約三年間、私は死に物狂いで仕事をしてきた。仕事でわからない事があれば、書店に一日こもり、技術書を選んで何万円分も購入し、独学でやり遂げた。パソコンも最高のスペックのものを購入し、どこよりも早く図面をＣＡＤ（コンピュータを用いた製図システム）化した。

仕事はこなしたが、小さな会社は世間がなかなか認めてくれない。年齢で人を判断する大手企業の社長・役員達。目立ってきたら押さえ付けてやろうとする中小企業の社長も居る。また、見掛けで人を判断する役人達も多い。

何かに挑戦する人を否定し、潰そうとする人達が居る事に、怒りを覚えた。世の中はこんな薄っぺらい人間関係で成り立っているのだという事を、嫌と言うほど思い知らされたものだ。

だが、開き直った感もあった。よく味方が五人居れば、敵も五人居ると言うが、私はそうは思わない。私が思うに、「味方二、敵二、どうでもよい人六」くらいか。要するに、二人は何があっても味方で、二人は完全に敵だ。後の六人はどっちにでも転ぶ。

有限会社大道技術設計スタート（1992年）

つまり、都合の良い方に付く。所詮、人間は、自分さえ良ければよく、人が幸せになれば妬むし、不幸になれば面白がる。だから、後の六人は全く気にする必要がない。そこに気が付くと、何を言われても平気になり、自由に挑戦出来た。かえって負けじ魂が生まれ、物凄いエネルギーが湧いてきた。

一九九二（平成四）年六月、自宅脇の建物を改築して事務所とし、ついに「有限会社大道技術設計」を設立した。

当時、有限会社の設立資本金は最低三〇〇万円。仕事はそれなりに受注していたが、事務所の改築費用や器材や備品購入などで出費がかさんでいたから、資本金を集めるのは相当キツかった。

銀行などの金融機関にはあまり相手にしてもらえず、世知辛さもそれなりに経験した。それでも、女房のお母さんに借金したり、子ども名義の預金を取り崩したりして、資金をかき集めた。苦労の末、ようやく登記が完了し、どうにか法人となって、晴れて社長になり、夢の一歩を踏み出す事が出来た。

社名の「大道」は、中国の思想家孔子が説いた「大道無門」より引用した言葉である。真理へ至る一つの道、すなわち「大道」に入るための決められた門はないので、柔軟な発想で、謙虚に向上心を持って研鑽を積むのが、そこに至る道であると、私は理解している。

法人化により、個人事務所の時より仕事の依頼も増えた。女房と二人で頑張ってきたが、そろそろ限界だった。なんとか一人でもいいから社員を採用したかったが、夫婦二人きりの小さい会社に入社する人がいる筈もないと、半ばあきらめていた。また、町内の同業者が妬んで、「あの会社は資格もないのに営業している」と、言いふらしていた事もあり、なかなか社員募集には踏み切れなかった。

当時、事務所にはカメラ会社時代の後輩達がよく遊びに来ていた。私は仕事が忙しいので、日中は相手が出来ない。彼らは勝手に本を読んだり、コンピューターゲームをしたりして、時間を潰していた。そして、夜一〇時を過ぎる頃、私の仕事が一段落すると、一緒にビールで「乾杯」という具合だった。

やがて、経済的にも、時間的にも、多少余裕が出てくると、私は、事務所に遊びに来ていた後輩達とロックバンドを結成した。この頃は、空手の稽古着に袖を通す事もなくなり、私の生活から空手はスッポリと抜けていた。

当時の私は、そこそこの「安定」を享受し、あえて辛い道への挑戦を避け、ラクな道へ逃げていた気がする。今なら「辛い道とラクな道の二つがあれば、辛い道を選ぶ」と、言い聞かせているが、この時はまだそんな覚悟は出来ていなかった。

物足りなさを感じる日々

社員募集を一度はあきらめた私だったが、どうしても人手が必要になってきた。そして、その時に取った方策は、設計業界ではあり得ないものだった。バンドの後輩達、つまりズブのド素人に、「設計は面白い。俺と一緒にやってみないか」と声を掛けたのだ。すると驚いた事に、みんな二つ返事でそれぞれの勤めを辞めて集まってくれた。

ド素人を集めた設計事務所なんて、同業者もびっくりしたに違いない。しかし、世の中はわからないものである。怖いもの知らずのド素人集団は、技術的にも、工期的にも、困難な仕事にも、果敢に挑戦を続けた。結果、業績も右肩上がりとなり、技術屋集団としての地位を確立していったのである。

事業規模も売り上げも順調に拡大し、社員も六～七名になった。業容の拡大に伴い、一九九五（平成七）年には株式会社に改組し、商号を「株式会社大道技術設計」として、更なる飛躍を期した。

こう記述すると、何の問題もなかったように映るが、内実は異なる。まず、ド素人を技術者に育て上げるのが大変だった。基礎がスッポリ抜け落ちているから、とんでもないところでミスをするし、応用も利かない。仕事を丸々預ける事が出来ないため、常に私がチェックの眼を光らせなければならなかった。わからない事だらけの従業員にとっては、非常に負担だったと思う。仕事のやり方を含め、何度ぶつかり合った事だろう。従業員が潰れて辞めるか、私が痺れを切らしてあきらめるかの瀬戸際の戦いが続いた。何とかこの辛い時期をみんなで乗り越える事が出来たのは、バンド活動で培った、皆との絆があったからかもしれない。

一九九七（平成九）年、銀行から融資を受けて、現在の社屋を新築した。返済出来るかどうかという不安もあったが、仕事の依頼が順調な事が決断を後押しした。一方、バンド活動も、ライブハウスから

株式会社大道技術設計（現在）

毎週のように声が掛かるほど順調だった。

私生活も順調で、その頃、三男の洸平が生まれた。精神的にも、肉体的にも、落ち着いていた日常だったが、何か腑抜けた感じはずっとあった。

空手に燃えていた頃は、常に自分で自分を追い込んでいた。そして、自分自身を追い込んでやり遂げた後の爽快感は、言葉では言い尽くせない充実感があった。

仕事での緊迫した打ち合わせ、ギリギリの工期の中での納品、資金面のやり繰り、銀行との折衝、ライブコンサートでの緊張感……今の生活を送っていても、それなりの達成感や充実感は得られる。だが、空手が日常から抜け落ちてから、何か物足りないと言うか、腑抜けた感覚に、しばしば陥ってしまうのだった。

心の中には、「いつかは空手に復帰しよう」という気持ちがあった。だが、この頃の私には、仕事以外に注ぐエネルギーは、皆無と言ってもよい状態だった。

いばらの道へ

独立して五年ほど経過した一九九四（平成六）年、大山倍達総裁が逝去され、テレビや新聞でも大きく報道された。私もビックリしたし、ショックも受けたが、しばらく空手の世界から遠ざかっていたせいか、どちらかというと傍観していた。

それでも、大山総裁の死をきっかけに、それまで気にも留めなかった、「ゴング格闘技」や「格闘技通信」などの雑誌を買いに、書店に足を運ぶようになった。そこには、ショッキングな記事がトップページを飾っていた。

「極真会館、分裂！」

大山総裁が逝去されて間もなく、極真会館にも権力争いが勃発し、遂に極真会館は分裂したのだ。

そんな時、道場から遠のいていた私に、当時の極真会館福島県本部長（昔の支部長）から、復帰しないかという打診があった。だが、この頃の私には、日常に空手が入り込んだ生活は想像出来ず、丁重にお断りした。

心境に変化が生じたのは、総裁が逝去されて二年程経った頃だった。仕事は以前に増して忙しくなっていたが、ド素人だった社員が成長し、新しく社員も増やした事から、私にも時間の余裕が出てきた。すると、それまでずっと無理やり抑えてきた感情、「空手への復帰」が、次第に心の大半を占めるようになった。特に不満もなく、順風満帆な毎日。でも、これが自分の目指していた最終地点じゃない筈だ。そう思い始めると、もう駄目だった。空手への想いが急速に膨らみ、どうする事も出来なくなっていた。

極真分裂の記事（1995年）

私は、自分自身に問いかけた。

今の自分は、まだまだ夢の途中である筈だ。「一意専心」。一つの事を一途に求め、その過程で自分は成長してきたのではないか。空手を続けてきたエネルギーが結果的に、会社を設立するエネルギーを生み、現在の自分の基礎を作ってきた筈だ。「空手があるから仕事が出来ない。仕事があるから空手が出来ない」ではなく、目の前の事に全て全力でぶつかる、決してあきらめない。昔の自分は、それが出来なくて、いつも言い訳して、途中で投げ出していた。

でも、今は会社を設立し、国家資格も取得し、仕事の受注も順調で、生活のベースは出来ている。確かに毎日がラクだが、ここで安穏としていて、人生に悔いはないのか。この程度で人生の勝負に勝った気になって、もう挑戦する事から逃げているのではないか。

「昔と何も変わってないな」

強くなりたくて始めた空手。でも、心は昔の弱いまま。

ずーっと、緊張感を持って全力で挑戦し続ける事、決してあきらめない事、空手から学んだ事を、何故やらない？　今でも強くなりたい。空手の稽古をやって思い切り汗を流し、息を切らしたい。

自分の気持ちに正直に、あえていばらの道を選ぶ。辛い道と楽な道の二つがある時、辛い道の選択をする。それも、一年後とか二年後とかの短いスパンではなく、「門馬智幸」が生まれてきた意味や価値を見出すために。飛田先生から学んだ「五年、十年は誰でも続けられる。二十年、三十年続けて、ようやく本物だ。あきらめないで続けていれば、必ず夢は叶う」という原点に戻るために。これからが本当の挑戦なんだ。

この時から、生涯を賭けた未来への挑戦が始まった。

復帰から「信念」の確立へ

一九九六（平成八）年、私が三四歳の時、極真会館福島県本部長からの復帰の話を承諾した。次いで支部契約を結び、再び空手の稽古着に袖を通す事となった。

復帰の決心をしたその日、すぐに昔の後輩達に電話をした。

「また空手やらないか？」「押忍、やりたいです」。簡単な会話だけだったが、後輩達の想いは十分私に伝わってきた。

それから一ヵ月ほど経ったある日の夜、矢吹町の居酒屋で五〜六人程で集まり、お酒を飲みながら復帰までの事情を説明し、今後のスケジュールを話し合った。以後の数ヵ月間は、自分自身の稽古と様々な準備が重なり、忙しくも充実した日々が過ぎた。

一九九七（平成九）年二月三日の夜七時、矢吹小学校の体育館で「極真会館福島県本部矢吹支部」としての最初の稽古を行った。

忘れもしない節分の日、火曜日であった。夜七時前から一五名ほどが集まっていた。準備運動から始め、基本稽古、移動稽古と、たっぷり一時間程。残りの約一時間は、組手の稽古だ。昔の感覚で、皆とガチンコで突きや蹴りを入れる。後輩と組手をするのは久し振りだが、舐められたら終わりだと、私も必死だった。

組手が終わると、皆で掃除をして九時に体育館を出た。まだみんなと一緒に居たいという名残惜しい気持ちを抑えて、「また来週な。押忍」と言って、帰路に就いた。

翌週の火曜日は、大雪だった。雪のせいか、夜七時になっても誰も来ない。「どうしたんだろう、雪で道路が渋滞かな」と思いながら、それでもずっと一人で待っていたが、八時を過ぎても誰も来ない。「組手キツかったかな……。仕方ない、もう帰ろう」。私は、先週の激しい組手を思い出し、何となく誰も来ない気がした。そこに、やっと一人の生徒が来た。

「すいません。遅くなりました。残業だったもので」

この言葉を聞いた時は、その生徒を抱きしめてやりたい程、嬉しかった。この日は、前にも増して一生懸命に教えたが、最後の組手は受けに専念し、痛め付けるような事は一切しなかった。結局、稽古には一人しか来なかったが、終了後に「また来週頑張ろうな」と言うと、「押忍」と、笑顔で返事が返ってきた。

車に乗り込み、一人で帰る道すがら、「来週からはあまり激しい稽古は止めよう。みんな仕事があるもんな」と考え、先週の自分だけ張り切った激しい稽古を後悔した。

それ以来、もう無茶な稽古はしなかった。次の稽古も、その次の稽古も、生徒を気遣い優しく教えた。それなのに……三ヵ月を過ぎた頃には、殆どの生徒が辞めていた。

この時、ふと須賀川道場時代のS先輩の記憶が蘇った。「生徒は、自分の練習台じゃない」「生徒が居てこそ、初めて道場は成り立つ」「生徒から月謝を頂いて、それ以上の何を与えてあげられるか」「空手を習う意義とは何なんだ」「ただ楽しく自由な稽古なら、スポーツジムでもよい」など、S先輩との経験を思い起こした事で、真剣に考える良い機会となった。激しく苦しいだけの稽古じゃ駄目、かと言って、優しい稽古じゃ何のための道場かわからない。悩みに悩んだが、この時に、今の門馬道場の信念が

確立されたと言っても過言ではない。その信念とは、

「自分を磨くための道場だから、厳しくて当たり前。でもその厳しさ、苦しさを乗り越えるだけの価値を与えるのが、指導者の役割である」

第六章

人に活かされる

後援会発足

道場のあり方について、自分自身の信念が固まってからは、それまで以上に必死になって、極真空手の普及発展に寄与した。

稽古は厳しく、しかし、自分本位の稽古ではなく、道場生がその厳しさの意義を見出せる稽古を工夫した。返事は全て「押忍」、つまりイエスだが、そもそも、ノーと言わせるような無茶はしないこと。なぜ、この稽古の時間が自分にとって必要で価値あるものなのかを、道場生が理解出来るような人間関係の構築。常にそれらを念頭に置いて、指導に当たった。

その甲斐あってか、次第に門下生も増えて三〇名を超え、後援会（故淵田勝氏が初代会長）も発足した。

そして、一九九八（平成一〇）年一月、矢吹町大和内地内に、遂に約三〇坪の常設道場を建設した。春には矢吹町体育協会に加盟し、「青少年健全育成」をモットーに、矢吹町との連携を深めた。昔、体育館さえ貸りられなかった事を思えば、大きな変化だ。そしてこの年、新道場で二〇人組手を完遂し、私は弐段に昇段、道場の名称も、「矢吹支部」から「福島県南支部」に変わる。

一九九九（平成一一）年一二月には、白河道場を創設、体育館（サンフレッシュ白河）で少年部一一名からスタートした。

翌年には、現在は矢吹地区後援会長の仁井田一社長のご協力で、白河市丸小山地内に二つ目の常設道場を建設した。

県南支部を発足させ、ますます稽古にも没頭し、無我夢中の日々が続いた。毎日が本当に充実していた。私が、空手を始めた頃には全く居なかった、小さな子ども達が、道場生の大部分を占めるようになっていた。その純粋な少年部の生徒全員を心から可愛いと思うし、立派な人間として社会に送り出せるようにと、使命感に燃えた。

一般部の生徒達とも、上辺だけでない心のつながりを感じ、武道を通じてずっと一緒に同じ目標に向かって、頑張る仲間の絆も芽生えた。

また、初代の後援会長である、故渕田勝先生は、私の指導方針に心から感銘してくれ、名ばかりの後援会長ではなく、県南支部の事を本当に親身になって考えてくれた。

損得で動いている人が多い世の中で、このよう

初めての常設道場　矢吹道場落成（1998年）

な素晴らしい方々と出会えなかったら、今の門馬道場はなかった。

第二の師匠・小野寺師範との出会い

大山総裁が逝去され、極真は分裂した。その後も、離合集散の繰り返しである。大組織のトップが亡くなると、どの世界でも同じような現象が起こるから仕方のない事だが、私ごとき極真の末席に居た者までが、そのゴタゴタの分裂騒動に巻き込まれていく。

私が道場に復帰した当時、私が所属している道場と大変懇意にしていた道場が、岩手県にある小野寺道場である。この小野寺道場の代表である小野寺勝美師範は、顔も雰囲気もとても怖い方であった。大山総裁にして「キミィ〜、君は態度がでかいね」と、言わしめ方だと聞いていた。

小野寺師範は、極真空手に入門するまでは、県立病院の看護師をされながら、伝統派で空手の先生をしていたらしいが、極真空手に魅了され、病院勤務を辞め、空手一本を貫き通し、支部長にまでなった方である。もちろん私は、小野寺師範の事は知っていたが、あまりに怖いので近寄る事はしなかった。目が合えば、「押忍」と、十字を切るのが精一杯であった。

小野寺師範（左）と私（2001年）

そんな小野寺師範と、多少は距離を縮める出来事があった。

支部を開設してしばらく経った頃、矢吹町の体育館で、「第一回福島県極真カラテルーキーズ錬成試合」を私の主管で開催した。この大会は、地元矢吹町での開催で、小野寺勝美師範が来賓として来てくれた。

大会は新人戦なので、社会人が次の日の仕事に差し支えないよう、ローキック禁止……いわゆる、足の太腿を蹴る下段回し蹴りを禁止していた。ところが、大会が始まり、試合を見ていた小野寺師範は、「ローキックなしでやるなら、極真をうたうな。中止だ！」と、突然、烈火の如く怒りだした。しかし、試合はもう始まっているし、今さらどうにもならない。私は、平謝りで試合の続行をお願いし、何とか大会を無事終了させた。

ビビっていた私に、小野寺師範は帰り際、「最初に開催した大会にしてはとても立派だった。大したもんだな、お前は」と言われた。怒られた後だったので、とても嬉しかった。


その後も、各大会で何度もお会いしたが、近寄り難いオーラが出ていて、まともに話せなかった。大会で叱責された記憶があまりにも強烈で、挨拶も常に恐る恐るだった。

福島県大会で優勝した県南支部の生徒の優勝祝賀会に、小野寺師範がふいに来られた事がある。来賓で来られた町長の隣に席を設けたのだが、扇子をパタパタ煽っているだけで、町長とも誰とも話さないで、祝賀会が終わるとサッサと帰ってしまった。これには、町長はじめ来賓の方々も苦笑いしていたし、私も気が気ではなかった。これは完全に嫌われている。一体何しに来たのだろう。もう二度と来て欲しくないと思っていた。

ところが、またしても小野寺師範と、お会いする機会があった。そこで、一気に距離が縮まる出来事が起きる。

仙台で行われた、全日本大会の優勝祝賀会に呼ばれた時の事だった。私は演武を頼まれており、一番前の来賓席の丸テーブルに席が設けられていた。何と、隣は小野寺師範だ。式典中、私は演武の事より、小野寺師範の存在に緊張していた。

やがて私の演武の時間が来たので、「観空」という型を打ち、試し割りをした。演武も無事終わって、スーツに着替えて席に戻ると、驚いたことに、小野寺師範が「ご苦労様」と、私にビールを注いでくれた。そして恐縮する私を「お前、型上手いな。大したもんだ」と、褒めてくれた。もう天にも昇るような気持ちだった。更に祝賀会終了後、他県の師範二人と私を二次会に連れて行ってくれた。話の内容は忘れたが、大変光栄であり、嬉しかった事を覚えている。

以来、小野寺師範との距離は一気に縮まった。電話がひっきりなしに来るようになり、お互いが岩手や福島を行き来し、稽古も一緒にするようになった。カラオケに行ったり、温泉に行ったりもした。

茨城県大会型ダブル優勝（山名菜穂子と）（2002年）

全日本大会（38歳以上軽量級）準優勝（2004年）

二〇〇一（平成一三）年、小野寺師範の推挙で、私は組織の技術部長に就任。小野寺師範らと北海道、東北を中心に「型」を指導して回った。型の大会や組手の全日本大会などにも、「組織を代表して、出場しろ」と言われ、「押忍！」の一言で出場した。型は優勝し、組手は準優勝だったが、小野寺師範は殊のほか喜んでくれた。

小野寺師範と交流する中で、極真会館大石道場（本部：静岡）の大石代悟範士との交流も生まれた。大石代悟範士は、極真空手の全盛期、世界でもトップクラスの選手として、名を知られた空手家である。小柄ながら、繰り出す蹴り技の切れ味は鋭く、「妖刀村正」の異名を取り、大山総裁をして「足技の天才」と言わしめた。

現在は、㈳国際空手道連盟極真会館世界総極真の代表である。

門馬道場誕生

ある時、小野寺師範から電話があった。「トモ、こっちに遊びに来い。明日、花巻温泉を予約して待っているぞ」と、いつものようにこちらの都合

大石範士（右）と稽古後（2019年）

は一切無視である。私は慌てて、仕事や約束など、翌日から二日間の予定を調整した。そして、次の朝早く、一路花巻温泉へと車を走らせた。ホテルに到着すると、小野寺師範が出迎えてくれた。私が岩手に行くと、いつも飲めや食えやの大盤振る舞い。空手の話をしながら、ひたすら飲んで、ひたすら食べる。小野寺師範の部屋で延々と話して、小野寺師範が「寝るか」と言うまで、部屋には戻れない。

その日も明け方近くまで、小野寺師範の話に付き合わされた。主な内容は、私の独立についてだった。「トモ、お前は『福島県本部』から独立し、『福島県南支部門馬道場』として活動しろ」と言うのだ。当時、私が所属していた道場の師範である、福島県本部長には許可を貰うと言うが、一抹の不安があった。この経緯について詳しくは書けないが、結局、私はこの申し出を受ける事になる。

二〇〇四（平成一六）年二月、東日本極真連合及び福島県本部より、「福島県南支部門馬道場」としての認可を頂いた。

ところが、この四ヵ月後、私が元々所属していた「福島県本部」が東日本連合から脱退、私も一緒に脱退しようと福島県本部長に誘われた。

私は禿げる程、悩みに悩んだ。胃に穴が開く程、悩んだ。数週間、悩んで悩んで、それでも結論が出なかった。それは、どうしても人として、空手家として、目をつぶったままやり過ごす訳には行かない様々な想いからの悩みであった。

そんな中、小野寺師範や東日本連合の仲間達から、「福島県本部」が脱退して空席になった穴を埋めるため、私の道場を「福島県本部」に昇格すべく、白羽の矢が立ったと聞かされた。

福島県本部長と一緒に、東日本連合を脱退する方向で考えていた私は、またしても悩み、考え抜き、苦しみ抜いて、最終的には断腸の思いで、小野寺師範に退会する旨と、これまでの御礼を込めた手紙を書いた。

詳細は省くが、私はどちらに付く事もなく、「極真会館」の看板を下ろし、「日本空手道　門馬道場」として、新たなスタートをする決意をしたのである。

ある日の稽古後、おそらく私の雰囲気を察してか、神妙な顔の弟子達を前に、私は「極真の看板を下ろす事にした。だから、道着のマークも変わる。もちろん、極真に残りたかったら残ってもよい。一週間、考えて決断して欲しい」と伝えた。すると、「えっ？　何でですか？　門馬先生に付いていきます。私たちも極真辞めます！　一週間考えなくてもいいです」と、みんながその場で、私に付いて来てくれる意思表示をしてくれた。この言葉を聞いて、涙が溢れ出そうなのを気付かれまいと、話をした稽古場から隣の更衣室に行き、タオルで顔を覆って泣いたのを覚えている。

門馬道場の挑戦

退会届に同封した手紙を読んだ小野寺師範から、すぐに電話が来たが、私は電話に出なかった。何度も何度も電話が鳴った。私の弟子でもある実弟の功師範代や、山名（旧姓岩崎）菜穂子のところにも、何度も電話があったが、私はもう小野寺師範と話すつもりはなかった。

最初の電話が鳴った三日後、小野寺師範が矢吹町の本部道場に来て、私を待っているという伝言があった。それでも私は会わなかったし、電話にも出なかった。

小野寺師範は、そのまま矢吹町に三日間滞在していた。さすがに師範代や山名菜穂子から、「小野寺師範がずっと待っているると言ってますよ。お会いしたらどうですか?」と言われ、ようやく会う決心をした。

小野寺師範が待っていた矢吹町の本部道場に行き、「押忍。失礼致しました」と、申し訳なさそうに挨拶する私に、小野寺師範は微笑みながら、でっかい手で握手をしてくれた。

小野寺師範は、私の心をほぐすようにしばらく雑談をした後で、こう切り出した。

「トモ、極真を辞めるな!　俺と一緒に極真をやろう。俺はお前とはずっと一緒に空手をやっていきたいんだ」

あの怖い小野寺師範が、心を込めて優しく説得してくれた。今でも思い出すと、涙が止まらない。

小野寺師範の熱意もさる事ながら、小野寺師範が極真では唯一尊敬出来る先輩として慕っていた、大石範士からも電話を頂いた。

「大石には大石の、門馬には門馬の極真空手があるんだ。私の空手も、門馬の空手も、全てが極真なんだ。絶対極真を辞めちゃ駄目だ」

と、大石範士は仰ってくれた。

また、私は悩みに悩まなければならなかった。

その後、小野寺師範と更に話し合いを重ねて、最終的に極真に残る決断をしたのは、騒動開始から一ヵ月後だった。

後日、弟子達に、「やっぱり極真に残るから」と言った途端、「やった!」と、みんな両手を突き上げて小躍りした。「やっぱり極真が良かったのか。俺に気を使ってくれたんだ」と思うと、弟子たちが心から愛おしく思え、この道で頑張るんだ、極真の道を全うするんだ、という覚悟を改めて固めた。

同年（二〇〇四）六月、私の「福島県南支部・門馬道場」は、東日本極真連合より「福島県本部・門馬道場」の認可を頂いて独立した。ホテルでお披露目のパーティーを行い、総裁時代の三人の師範方から、オレンジのブレザー（その県を任された本部長または支部長の制服。その証がオレンジのブレザー）を貰い、新たなスタートを切った。

この時の決断は、今でも正解だったと思う。その後、私は小野寺師範と、東日本連合として行動を共にした。自然と大石範士との交流も盛んになり、加えて独自の活動をしている他派閥の師範方とも、大会などを通じて一緒に活動するようになった。

しかし、ある事件を境に、またしても事態は急変する。小野寺師範が、傷害容疑で二〇〇五（平成一七）年五月から一四ヵ月間、勾留（結果は無罪）されてしまうのだ。これを機に、東日本連合の師範方や、小野寺師範を取り巻く様々な方々が、蜘蛛の子を散らすように居なくなってしまった。小野寺師範の名前は、組織表や名簿などからことごとく削除され、小野寺道場を乗っ取ろうとする人まで出てきた。

混乱の続く同年九月、私は「第一回全福島空手道選手権」を開催した。

師範就任祝賀会（2004年）

小野寺師範から、「お前も独立したんだ。福島で、お前しか出来ないような立派な大会をやれ」と言われたのは、勾留される一年程前だった。

まだ独立して半年にも満たず、門下生も二〇〇名足らず。時期尚早だと躊躇する私に、「ウルセー、お前なら絶対やれる。やれ！」。こう言われては「押忍」と、受けざるを得なかった。

当時は、本当に人数が少なくて、本来なら大会をやれる規模ではない。門馬道場から、白帯（無級）やオレンジ帯（九級）の人達にもお願いして、八〇名ほど選手を集めた。そのほか、日本キック界の大御所であり、日本人初のムエタイチャンピオンの藤原敏男先生にもご協力頂き、どうにか集まった選手は一三二名。

藤原敏男先生（左）（2006年）

初めての第１回福島県大会（2005年）

一般組手二〇名、女子組手一〇名、一般型一四名と、大人は充実していたものの、少年部は各クラス一六名弱。白帯やオレンジ帯、水色帯（七級）と、殆どが入門して一年そこその子ども達だった。一般部の優勝は全て門馬道場で守り抜いたが、少年部は半分くらい他流派に優勝を持っていかれた。

でも、結果的にそれで良かった。他流派の指導者、選手や保護者から、「極真、よえーっ」と、言われた事に奮起して、「門馬道場の挑戦」が始まったのだから。

我が師・小野寺師範、死す

二〇〇九（平成二一）年五月一七日、小野寺師範が心筋梗塞により永眠した。享年五八歳だった。突然の訃報は、会津で行われていた他団体の新人戦の日に届いた。

大会会場で試合中、私の携帯電話に着信があった。携帯のディスプレイに「小野寺師範」の表示。だが、大会会場は騒がしく、万が一、小野寺師範の声が聞き取れない場合、聞き返すのは失礼だと思い、大会が終わってから電話をかけ直すことにして、胸ポケットに携帯をしまった。

その後、何度も着信があったが、会場が騒がしくて電話に出られなかった。小野寺師範は電話に出ないと、「テメー、電話に出ないとは随分偉くなったな」と、留守電に怒声を残すのが常だったので、この時もあえて無視したのだった。

大会終了後、門馬道場から数名の優勝者や入賞者が出たので、地元の矢吹町に帰ってから、指導員や保護者、そして子ども達とで、ささやかな祝勝会を開いた。午後四時過ぎに居酒屋の席に落ち着いた時、だいぶ前に「小野寺道場」と、固定電話からの着信が携帯電話にあった事に気付いた。「しまった、小野寺師範に電話をするの忘れてた」と思ったが、既に乾杯のタイミングでもあり、明日連絡しようと携帯をポケットにしまった。

大会の話で盛り上がり、酒も程良く入った頃、またしてもマナーモードの携帯電話が振動して、「小野寺師範」の表示が出たが、この時も電話には出なかった。言い訳ではないが、電話に出なかったのは、小野寺師範からの電話は緊張するし、直立不動で話をする。酔っ払って話しては、失礼だと思ったからである。

飲み始めて三時間も過ぎた頃の午後七時少し前、菜穂ちゃんからの着信が何回も入っていたのに気付いた。それでも、「後でいいや」と思っていた時、今度は携帯電話のディスプレイに、「大石代悟範士」の文字が。

何か、ただならぬ事が起きていると感じて、やっと電話に出た。

「もしもし、大石だけど。小野寺が死んだの知ってるか？」

「押忍？」

「小野寺の奥さまが、門馬に連絡取れないと焦っていた。すぐ連絡してやりなさい」

「押忍？」と、答えたものの意味がわからない。嘘だろ。涙がこぼれた。ただ泣き叫び、取り乱す私に、大石範士がずっと電話口で何かを言ってくれていた。

その後の記憶は殆どない。気が付いたら、自宅のベッドで寝ていた。酔っ払ったせいか、頭がすごく痛い。時計を見ると、夜中の三時。トイレに行き、台所で水を飲んだ。小野寺師範の死は夢だったのか。その後ウトウトしたのか、目が覚めたのは朝六時。携帯電話を慌てて開いてみる。アレッ、色々な人に電話している。色々な人から着信がある。ところどころではあるが、記憶が蘇った。やっぱり小野寺師範は死んだのだ。とにかく岩手に行かなければ。

覚えていないが、前日に菜穂ちゃんにも電話したようで、菜穂ちゃんからは「岩手へ連れて行って下さい」とのメールが何回も入っていた。

二日も三日も道場を留守にするのもどうかと考え、岩手には葬儀の時だけでよいからと伝えた。だが、どうしても岩手へ行きたいと言って聞かない。菜穂ちゃんや奈美ちゃん（佐藤奈美子）は、小野寺師範に相当可愛いがってもらっていたから、その気持ちはよくわかった。結局、道場を全て休みにして、菜穂ちゃん、奈美ちゃんと私の三人で、午後一番に岩手へ向かった。

一関インターで、小野寺道場師範代の菅原卓也君が待っていてくれたので、案内を受け、一関市の葬儀場、小野寺師範の元へ。

祭壇に飾られた遺影が、目に飛び込んできた。小野寺師範のご遺体は、すでに納棺されていた。死に顔を見た。私は崩れ落ちた。絞り出すようにやっと、「押忍」と発した。嗚咽と共に、涙が止まらなかった。

小野寺師範は、誰よりも私の性格を知っていた。「こいつを成功させたい」と、いつも私の事を気にかけていてくれた。時には怒り、褒め称え、常に私が奮い立つように仕向けてくれた。

私の心を操縦する術など、達人並みであった。

先にも書いたとおり、「トモ、明日話があるんで岩手に来い」「オ～ス、伺います」、力無い返事で電話を切る。それからが大変で、仕事などの予定を万障繰り合わす。

岩手に行くと、話があると言っていたのに、取り立てて重要な話もない。延々と空手の話を楽しそうにしているのを、私は「押忍、押忍」と、頷きながら聞いているだけである。そのうち、だんだん腹が立ってくる。こっちは仕事もあって忙しいのに。夜中まで話が止まらず、次の日も、朝食後もホテルのロビーで、コーヒーを飲みながら延々と話は続く。

「もう二度と来るもんか」。そう心の中でつぶやきながら、愛想笑いを返す。

昼食をホテルで済ますと、また延々と小野寺師範の話が続く。

さすがに私の気持ちも荒立ち、そろそろ帰らなければマズいぞという頃、小野寺師範がようやく「トモ、わざわざ呼び出して悪かったな。色々仕事も忙しいのに都合付けるの大変だったろう。お前と居ると楽しくてな。また来いよな」と言って、握手をして送り出してくれる。

もう二度と来るものかと思っていた気持ちがスーッと消えて、また会いに来ようと思う。ズルいですよ、小野寺師範。

人生は常在戦場

今でも毎年命日には、小野寺師範のお墓参りに岩手県一関に行く。

岩手県は、私の空手修行の原点回帰をさせてくれる場所である。大会、講習会、昇段審査会……。年に何度か、この地で空手の素晴らしさや、空手を出来る喜びを再認識させてもらった。

小野寺師範の号令の下、基本や型を延々と行う。

小野寺師範曰く、「トモ、お前基本稽古好きか?」「押忍。本当はあまり好きではありませんが……押忍」と答えると、「俺はな、基本稽古が大好きだ。なんちゅうか、この一体感と言うかな、みんなで気合いを入れながら、心一つみたいなのが最高にいいのよ。だからな、年取って、基本も満足にやらなくなる先生の気がしれない」と、常々仰っていた言葉を、今も胸にしっかりと刻んでいる。

また、小野寺師範は常々こう言われた。

「黒帯自体に価値はない。黒帯の価値は締める人間によって決まるんだ」

私は、極真の黒帯を誇りに思う。三段までは大変厳しい昇段審査を受けさせてもらったので、ある程度は納得して帯を締めていた。

しかし、それから五年後、四段昇段の話があった。団体の中での序列や立場など、様々な理由から、支部長合宿で昇段審査を受けさせられ、納得出来ないまま、嫌でも昇段せざるを得なかった。

私は金筋四本の帯を拒み、自分の好きな「武」と「極真空手道」の文字を刺繍した稽古帯を締めていた。小野寺師範をはじめ、色々な師範方から、「極真の帯を締めろ」と叱られたが、金筋四本の帯を締める事は殆どなかった。

小野寺師範の墓参り（2019年）

極真の昇段は組手が全ての感があり、肉体的に相当ダメージも残る。私も遥か昔であるが、初段の連続組手（多分一〇人以上対戦した）が、身体のダメージ的には一番きつかったように思う。

二段の時も全員弟子のため、結構ガチンコで来てくれ、やはり相応のダメージを受けた。

三段の時は、千葉で丸一日審査を受けさせて頂いたが、最後の連続組手の肉体的ダメージよりも、延々と続く、基本・移動・型・体力審査の方が、精神的にも体力的にも最もキツかった。

連続組手経験は、確かに「これぞ極真」的な満足度はある。だが、組手さえ済ませれば、組手さえ強ければ、それでよいのだろうか。三段の昇段審査は、組手より基本から型の繰り返しの方が、遥かに苦しかった。


疑問を持った四段昇段から更に五年が経った頃、小野寺師範から「トモ、五段の審査を受けろ。ちゃんと準備しておけよ」と言われた。「押忍？　自分はまだまだ早いです。無理です」と、暫くは頑なに辞退していたが、極真の世界に「無理です」はあり得ず、前年秋の五〇人組手を経て、最終的に四月の審査で五段を允許《いんきょ》された。

しかし正直、内心は複雑だった。秋の東京での五〇人組手のほか、四月の岩手でも連続組手を行ったが、ハッキリ言えば五〇人スパーリングである。とりあえずの、儀式みたいな連続組手に、あまり意味を感じなかったし、組織の序列の都合上の五段という高段位に、かなりの抵抗もあった。

昇段審査が終わって帰り際、小野寺師範から「トモ、すぐに昇段状に貼る写真を送れよ」と言われたが、力ない「押忍」の返事で、笑顔もなく福島に戻った。その後の電話での応対も、私の小野寺師範に対する態度は、明らかに冷めた感じで、本当に無礼な態度を取っていた。小野寺師範へのせめてもの抵抗から、昇段状に貼る写真もずっと送らなかった。

ちょうどその頃、静岡の大石道場本部で、大石範士と二人で稽古をさせて頂いた。その折、大石範士より「師範は五段じゃないと駄目だ。審査を受け認めてもらったのだから、自信を持って締めなさい。小野寺には小野寺の想いがあるんだ」と、小野寺師範の気持ちを諭された。

余談だが、実は小野寺師範から頂いた黒帯には、帯のセンターに赤いラインが入っていた。それも小野寺師範のこだわりなのだろうが、私はそれが嫌で、大石範士には「まだ、小野寺師範から帯は頂いていません」と、嘘を言ってしまったのである。

この小さい嘘が、大石範士にとんでもない気を使わせてしまった。後日、大石範士より五段の帯と日付のない昇段状が届いた。もちろん、大変嬉しかったが、それでも私は、五段の段位には抵抗があり、五段の帯を締める事はなかった。

小野寺師範が亡くなられたのは、五段位に対するそんなモヤモヤした気持ちの真っただ中の時であった。

悲しみに沈む中で、葬儀を済ませて落ち着いた頃、小野寺師範の奥さまから「門馬師範の五段の昇段状に貼る写真が来ないって、うちの師範はずっと待ってたのよ」と言われた。審査から既に二ヵ月近く経ち、何度かお会いしていたにも関わらず、小野寺師範は私に何も言わなかった。小野寺師範の様々な想いが、何故か胸に去来し、何かが吹っ切れて涙が溢れた。その時、小野寺師範の遺志を継いで五段の帯を締めよう、昇段状を頂こうと決めた。私は葬儀から帰って、すぐに写真を奥さまに送った。

後日届いた小野寺師範からの昇段状の日付は、四月五日だった。

そして、もう一枚の大石範士から頂いた日付のない昇段状は、大石範士にお願いして、昇段日を小野寺師範の命日の五月一七日にして頂いた。

小野寺師範の教え……それは、高段位になればなる程、空手全般に対して総合的に取り組み、一般社会生活にその成果を活かす姿勢が重要だという事だ。だからこそ、小野寺師範が仰った、「黒帯自体に価値はない。黒帯の価値は締める人間によって決まる」の言葉は、段位に恥じないように稽古し、精神修養を怠らず、そして黒帯としての覚悟を持つ事、すなわち「立場」が人を育てるという教えでもある。

今でも悔やまれるが、そんな事をわかっているようでわかっていなかった私は、小野寺師範が亡くなられる二週間程前までは、ささやかな抵抗でイジケて電話もしないでいた。

しかし、この時イジケていたからこその幸運もあった。それは、四月の最終日曜日、矢吹町で開催した門馬道場の花見に、ひょっこりと小野寺師範が、菅原師範代を引き連れて現れたのだ。普段、小野寺師範が私のところに来る時は、「顔見に行くから、宿を頼むぞ」と、前もって連絡をくれるのだが、予告なしできたのは、この時が初めてである。

先の昇段の件もあり、私がイジケているのを知っていた小野寺師範が、「お前の顔を見に来たんだよ」と、屈託なく笑うものだから、ビックリしたのと同時に、イジケていた自分が小さく感じられた。小野寺師範の笑顔のお陰で、私のイジケ心もさっ

小野寺師範が亡くなる３週間前の最後の写真（2009年）

ぱり晴れた。

そして、この時が小野寺師範に会った最後になった。きっと、何かが引き寄せたような気がしてならない。

その後、亡くなられるまでの二週間、小野寺師範は死期を悟っていたかのように、大石範士をはじめ、色々な方に「トモを宜しく頼みますよ」と、電話で話していたという。それを、事あるごとに周りの方々から聞き、その度に何度も涙が溢れた。

私は今、堂々と五段の帯を締めている。あまり好きではない基本も、生涯続けながら修行を重ね、段位に相応しい人間にならなくてはならないと思う。小野寺師範の遺志を継いで。


門場道場には、小野寺師範に書いて頂いた「人生は常在戦場」の色紙がある。この「常在戦場」は、長岡藩（現在の新潟県長岡市）に古くから武士の心得として、代々藩訓・家訓として用いられてきた事で知られる。人生は戦いの連続、常に戦いの場に居るような緊張感を持って真剣に物事に当たる、その積み重ねが人生を創る、という意味だ。

今でも、道場でその色紙を見る度、五段の帯を締めている以上、普段から緊張感もなくのんびりまったりと過ごさず、いつでも戦えるように心も体も準備しなければと、常に身が引き締まる。

同時に、小野寺師範との思い出も色々とよみがえる。だが、思い出に浸るより、また一緒に稽古した

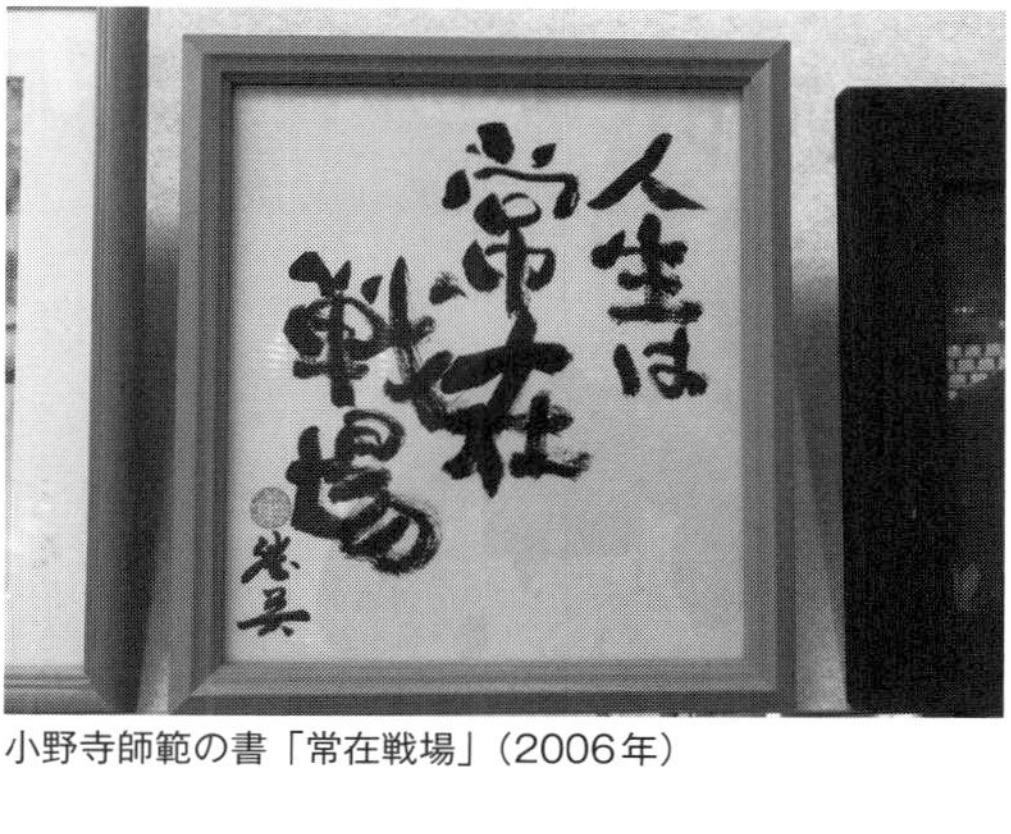

小野寺師範の書「常在戦場」（2006年）

い。会いたくてたまらない。

今は、小野寺師範に示して頂いた信じる正しい道を、ただひたすら歩くのみだ。

大恩人、大石代悟範士

今でも、小野寺師範の事を話し始めると、涙が出てくる。本当に温かく寂しがり屋で、短気で、我がままで、一言では言い表せないのに、単純にわかりやすい方であった。

生前、小野寺師範は常々言われた。「大石先輩は素晴らしい空手家だ。俺は先輩とずっと極真の道を歩きたい。もちろんお前も一緒にだ」

しかし、夢半ばにして小野寺師範は永眠してしまった。だが、私は今こうして、その素晴らしい空手家、大石代悟範士と極真の道を歩んでいる。

当時、大石範士が小野寺師範の死を「空手日記」というブログで書いているので、一部を引用させて頂きたい。

「岩手の小野寺師範が、心筋梗塞で急死した。彼と私は、共に大山総裁時代の支部長だった。（中略）強い個性と一本気な性格で誤解を招く事もあったが、根は大変心の温かい、そして周りに気配りの出来る男であった。そして何よりも、信義を重んじる男であった。筋の通った生き方をする男であった。小野寺師範と門馬師範と私の三人で食事会をするのを、心から楽しみにしていた。その矢先であった。惜しんでも、惜しんでも、惜しみきれない。今は、ただ、ただ、冥福を祈るばかりである。合掌」

極真会館大石道場の大石代悟範士との交流は、小野寺師範が取り結んでくれたもので、既に二〇年以上になる。

憧れの大石範士に、初めて稽古をつけてもらった時の事は、今でも忘れられない。稽古が始まる前、稽古内容に多少の不安もあったが、前年から、三段の昇段審査に向けて、かなり稽古を積んでいた事もあって、ワクワク感の方が大きかった。

「第六回全日本空手道選手権大会」で、華麗な上段回し蹴りで四連続KOをした大石範士の稽古だから、組手中心でさぞかしハードな内容かと思ったが、初心者が多かったため、回し受けや基本稽古、移動稽古に終始し、最後は型の「太極その一」で終わった。

こう書くと、拍子抜けしたと思われるだろうが、とんでもない。大石範士の稽古は、準備運動から圧巻だった。更に、足が垂直に上がる前蹴上げ、素晴らしい迫力の横蹴上げ。そして、妖刀村正、と言われた切れ味鋭い上段回し蹴りも凄かった。それらの技を、呆気に取られて見惚れていたのを記憶している。稽古中のわかりやすい説明も大変勉強になり、私は一発でファンになった。

岩手で行われた小野寺師範の通夜には、菜穂ちゃんや奈美ちゃんが参列し、告別式には、門馬道場の二〇人の指導員も駆け付けたほか、大石範士

大石代悟範士の前蹴上げ（2020年）

も駆け付けて下さった。

葬儀場で大石範士は、私と菅原師範代に、「小野寺は亡くなったけど、安心して極真をやるんだぞ。私が後見人になるから」と言って下さった。

この時以降、より気に掛けて頂くようになり、空手のみならず生き方までもお手本にさせて頂いている。ともかく人間として、男としてカッコ良い。

今でも大石範士からは毎週のように電話があり、空手の話はもちろんの事、組織や海外の話を延々とされる。たまには相談を受けたり、稽古も一緒にさせて頂いたりするが、様々な交流の中で、あまり褒められた事はない。小野寺師範と同じで、叱られる事の方が断然多い。それでも、頼りにされているだけ幸せであり、本当にありがたい事である。

つい先日も、大石範士と一緒に稽古をして、とても嬉しく感じた事がある。

私も四〇年以上空手をやっている訳だし、極真の様々な師範・先生方に学び、基本の大切さはわかっているつもりだが、やっぱり、準備運動から基本、型、呼吸法など、大石範士と稽古する度に、初心に返る事が大切だと思い知らされる。

「基本と型のない道場は衰退する」と、大山総裁が言っておられたが、まさにそのとおりだと思う。

「型の分解（型の中の、ある動きだけを取り出して解釈しようとする事）」などが、アホらしくなってくるくらい、同じ型を何度も反復するので、息が切れ、身体が思うように動かなくなる。それでも更に、また同じ型を繰り返す。しかも要所要所で、大石範士の厳しい檄が飛ぶ。

これが極真だ、一番理に叶っていると、嬉しくなったと同時に、大石範士と同じ極真の道を歩んでいける誇りを改めて胸に刻んだ。

第七章

震災からの学び

東日本大震災

二〇一一（平成二三）年三月一一日、雪のちらつく寒い日であった。午後二時四六分、その時、私は会社の社長室で、慌ただしく仙台へ出張に行く準備をしていた。

突然、ガツンと凄い衝撃があった。何が起きたかわからなかった。立っていられない。地震だ。しかし、どうする事も出来ない。どうにか廊下に出て、隣の給湯室を見たら、食器棚がまさに倒れようとしていた。反射的に倒れないように押さえようとしたが、すぐ無駄な事だと知った。二階の設計室に居る女性社員たちの悲鳴が聞こえ、そして、一階は全てのものが倒れ続けている。この世の終わり、正直そう思った。

揺れは三分程続き、ようやく収まってから、社員みんなと外に出た。外はあまりに寒いので、女性社員は車で待機させ、私達男性は二階の設計室に戻ったが、本棚は全て倒れ、ガラスの破片や本や書類が散乱し、パソコンは吹っ飛び、もう惨憺たる状況だった。幸いなのは、私も社員のみんなも、誰もケガがなかった事だった。

その後、何度も余震が続いた。私も社員も、家族の安否が気になったが、電話は一切通じないので、とにかくみんなを家に帰す事にした。

私も、すぐ自宅に帰った。自宅の窓という窓は、全部外れてない。家の中も、タンスや本棚、テレビ、壁に掛かっていた絵や時計……とにかく、全てが床に倒れ落ちている惨憺たる状況だった。

家族の無事を確認した後、矢吹町にある本部道場に行ってみた。扉を開けた瞬間、息を飲んだ。天井の蛍光灯は全部外れ落ち、ウェイトトレーニング器具や、本棚、ロッカー、トロフィー、掛け時計などが床に散乱していた。私は何にも手を触れず、見なかったように、扉に鍵を掛けて帰ってきた。心がもの凄く痛かった。

その日の夕飯は、満員のコンビニでずっと並んでようやく買えたおにぎりなどを、家族全員でローソクの

震災で家屋が倒壊（2011年）

震災で道路が陥没（2011年）

落ちて壊れた神棚（2011年）

火を燈して食べた。ガスも使えないし、水も出ないので、トイレも使えない。

深夜三時過ぎ、とにかく眠ろうと二階の寝室に行くが、身体が鉛のように重い。ベッドには本棚が三つ重なり合って倒れ、本が散乱していた。仕方なく、本を両手で払って床に落とし、寝るスペースだけ確保して、泥のように眠った。

次の日、留守番サービスの着信メールが大量に届いていた。心配してくれている方々が、私の携帯にメールや電話を架けてくれたものの、つながらなかったので履歴だけが残ったのだ。すぐに連絡したかったが、電話もメールも通じなかったので、とりあえずブログで次のように発信した。

「家族、会社関係は全員無事です。また、道場生関係は今のところ全員の確認は出来ていませんが、とりあえず無事のようです。ご安心下さい。ご心配頂き感謝いたします。ありがとうございます。まだまだ余震が続いていますが、今は、復旧に向けて全力を尽くします。

そして、門馬道場のみんな……こんな時こそ『あきらめない心』だ。頑張ろう」

三月一二日一五時三六分、福島第一原発一号機が水素爆発した。どうなっているのだ……。私達はこの福島に住み続けられるのか？　ふるさとを捨てなければならないのか？　第二原発も非常に厳しい状況のようだ。やがて半径三キロ圏内の住民に避難指示、半径一〇キロ圏内の住民に避難退避の指示が出る。一体、福島は、日本はどうなってしまうのだろうか……そんな不安に、押し潰されそうだった。

仲間の有り難さ

原発の水素爆発から更に二日が過ぎても、まだ自宅も会社も道場もグチャグチャで、水も出ないから食事やトイレ、お風呂さえままならず、加えてガソリンや灯油も手に入らない。まだ復旧の兆しは一向に見えなかった。

その日の生活さえも不安な状態。まともに寝ていないから、フッと気を抜くと体が疲れていて動く気もしなくなる。襲い来る絶望、しかし私があきらめる訳にはいかない。そんな時、つながる筈のない携帯電話が鳴った。全国の仲間からの励ましの電話やメールだった。

励ましのメッセージは、北は北海道から南は徳島まで、全国の仲間から五〇件以上届いた。電波状態が悪い中、みんなあきらめないで、ひたすら発信ボタンを押してくれていたらしい。

「何十回も電話したけど、なかなかつながらなか

震災時、釘嶋道場よりエール（2011年）

ったから心配したよ。元気そうでよかった。道場のみんなは大丈夫?」の言葉に、思わず涙が出る。ありがとう。みんなの言葉にどれだけ励まされているか。道場生や保護者の身も案じてもらい、感謝の念に絶えない。また、高速道路がまだ通行止めなのにもかかわらず、東京より、レインボータウンFMの小嶋社長が矢吹町と門馬道場に、トラック二台分の物資と義援金を届けてくれた。極真空手を続けていて本当によかった……。改めてそう思い、再びブログで発信した。

震災時、矢吹町にトラック2台分の物資と義援金を届けてくださった小嶋社長（2011年）

「門馬道場関係者のみんな、全国の仲間が応援しています。誰一人あきらめることなく、頑張り抜こう。余震はまだまだ続いているし、原発の爆発も心配だけど、絶対大丈夫。何故って……俺がそう思うから、俺の勘は当たる。だから決してあきらめないで頑張ろう。

また、みんなと大好きな空手の稽古が一緒に出来る事を楽しみにしながら、引き続き明日から復旧作業に頑張ります。

俺は、とりあえず、今日は寝ます。ゆっくり休んで、明日からの作業に備えます」

「福島は大丈夫ですか?」

当時、色々な方に聞かれたし、今でもたまに聞かれるが、「福島は大丈夫です」と笑顔で答える事にしている。

それは「嘘」ではなく、「覚悟」である。

試練

一体、この災害は、私に何の試練を与えているのだろう。今、私はどう考え、どう行動を起こすべきなのだろう。色々考えても、なかなか答えが見えてこない。この試練は、日本の将来に警鐘を鳴らすべく、私に、否、私達に天が与えた啓示なのか。

自宅や会社の片付けもようやく済み、後は原発さえ収まってくれれば、と思っていた矢先、またしてもマグニチュード七を越す余震。しかも連発。さすがに心がざわめいたが、へこたれている訳にはいかない。

今頑張らなければ、いつ頑張る。武道を嗜《たしな》む者は、危急時こそ平常心を保ち、事に対処しなければならない。そう自分に言い聞かせ、一日も早い復旧のため、毎日が試練であった。

震災当時、各地で「さくら祭り」が話題になっていた。不思議な事に、被災地では開催され、被災地以外では自粛していた。関東では、夏の「花火大会」まで中止していた。

しかし、東北人を甘く見て貰っちゃ困る。こんな非常時に花見だ、花火だと楽しんでいたら、私達に妬《ねた》まれたり、僻《ひが》まれたり、恨《うら》まれたりするとでも思っていたのか。全く逆だ。

体験からつくづく思うが、危急時に一番欲しいのは、「日常」と「元気」である。関東、関西の方々は、一刻も早く「日常」に戻り、「元気」を出して経済を動かし、被災地を応援して欲しいと思った。応援と言っても、義援金をくれとか物資をくれとかではない。

この狭い日本の北の地に、被災してもそれを復興させようと日々頑張っている人がいる事を、忘れないでくれればよいのである。過度な自粛は、「日常」も「元気」も遠ざける。被災地の人に比べれば、今の自分達がどれだけ恵まれているのかを認識し、これからの日本、これからの自分の生き方、今自分に出来る役割を、それぞれが忘れないで考え続けてくれればよいと思う。

そんなある日、北海道の高橋道場の高橋幸男師範と、当時高橋道場事務長の石川秀樹先生から、門馬道場へ義援金が届いた。封筒の中には、石川先生からの心温まる手紙も入っていた。読んで涙、涙……すぐ電話しようと思ったが、涙、涙で話せそうもない。

一〇分ほどしてようやく落ち着き、何十回も高橋師範に電話し、やっと通じた。また声が詰まりそうになるのをこらえて、やっとお礼が言えた。次いで、石川先生にも何回も電話し、やっと通じたが、もう駄目だった。涙が出て、何も話せなかった。

仲間が居る事が、とにかく嬉しかった。希望が溢れてきた。それまで、頑張る頑張ると言っても、どこか悲観的だったが、励ましてくれる仲間に、みんなに恩返ししなければならないと心に誓った。

そのためには、私達が一日も早く「日常」を取り戻し、元の生活に戻って、門馬道場で稽古を再開する事だ。全国の仲間達と良きライバルとなり、切磋琢磨することが、出来る恩返しの一つだと思った。

私は、この「福島の地」で生き抜く覚悟である。友人も、道場生も、家族も、そして想い出も、大切なものが、この福島には一杯ある。捨てるなんて死んでも出来ない。ここで生涯大切な仲間と共に生きて行きたい。

なぜ、福島なんだろう、なぜ私達なんだろう、という想いは当然ある。どれだけ天を恨んだか。でも、試練は人を成長させる。私達は、ここ福島で頑張ろうと決めたのである。

今では、東日本大震災も過去の災害とされ、忘れかけている人も多いと思う。だが、まだまだ復興は終わっていない。

道場を避難所として開放（2011年）

果報者

震災から約一ヵ月後の四月一六日と一七日の二日間、静岡県で全日本型大会と東日本大会が開催された。門馬道場からは、五七名がエントリーしていたが、震災の影響で九名が欠場し、主催者である大石道場の方々には多大な迷惑を掛けてしまった。

震災の影響で、稽古など殆どしていなかった。選手からすれば、震災で心が落ち込み、復旧の疲れ、稽古不足の不安、将来への不安の中での出場決意であり、大会参加は簡単な決断ではなかった。

その上、風評被害で追い打ちをかけられたらと思うと、心が痛んだ。賛否両論はあったが、出場する価値があると思うから出場したのであり、その判断は間違っていなかったと思う。

「静岡は人の心があったかい街だと聞く。大石代悟範士やその弟子の各師範・先生方など、大石道場の方々には本当に心遣いをして頂いている。みんな、安心して堂々と戦って来よう」と、私は参加者に話した。そして心の中で、この大会を終えて帰って来る時、また一つ試練を乗り越えられると思った。

静岡までは、大型バスで移動した。保護者や関係者を含めると、総勢一二〇名程になった。道中「福島の車は出入り禁止」の立て札がコンビニやスタンドにあったり、お土産売り場で「福島には土産物は送れません」と言われたりした。こうした事が重なり、バスの中は「これでは静岡の大会に行っても、歓迎されないのではないか」という雰囲気になった。

ところが、静岡の大会会場であるグランシップでは、大石道場の保護者達が、笑顔で出迎えてくれていた。放射能が移るとか思われて、みんな近付いて来ないのではないかと心配していたのに違った。被災地の私達を歓迎してくれたのだ。あまりの嬉しさや驚きで、みんな泣きながら握手やハグをした。

会場に入ると、私は真っ先に大石範士のところに挨拶に行った。震災後、色々励ましの電話や義援金まで頂いていたので、お礼が言いたかった。

「今回は、何から何までありがとうございました」

感謝の言葉を述べ、握手を交わしたが、なぜか大石範士は黙ったままだ。戸惑って顔を見ると、目は真っ赤で、その目から大粒の涙がこぼれ落ちた。私も感極まって、泣いてしまった。

震災の惨状にもめげず、大会に参加した門馬道場の門下生達の気持ちを思うと、大石範士は掛ける言葉がなかったのだろう。暫くして、やっと絞り出すように「よく来たね」と一言。その一言で、全てが報われた気がした。

震災の年が明けた頃、大石代悟師範士の「空手日記」に、素晴らしい文章が掲載されていた。御本人より了解を頂いたので、ここに転載させてもらう。

「日本人である限り、被災地の人達の事を思う気持ちと、一日も早い復興を願う気持ちが、一日たりとも消える事はない。そして、私達も、近い将来必ず来ると言われている巨大地震という大自然の脅威と、向かい合って生きていく覚悟を持たねばならない。

そんな中で、それぞれが固く決意し、胸に秘めたものがあるかと思います。それらが成就するように、陰ながら祈っております。私も、胸に秘めたものがあるので、それに向かって努力精進を致してまいります。

この日記を読んでいる人達の大半は、私より年齢が若いかと思います。若いという事は、それだけで素晴らしい事

震災後の静岡県で全国「型」大会（2011年）

かと思います。挫折、失敗、敗北、それらが、全て血となり、肉となり、骨となって返ってくるからです。私の財産は、皆さんより年を重ねているので、より多くそれらの事を経験している事です」

大震災からの復興を祈念しながら、こういう言葉で励ましてくれる事に、温かい優しさと素晴らしいセンスを感じる。

そして最後は、こう締められている。

「空手の道を志して良かった事は、常に向上心を持ち続ける事が出来る事。そして、一生青春で居られる事です」

震災がつくってくれた縁

震災の年の夏、関東方面のある大会からバスでの帰り道、突然、映画プロデューサーの小黒司氏から電話があった。

「師範、セイシン会館のイノウエさんという人が、福島で空手の映画作るらしいんだけど、関わってるの?」と聞かれ、「ん? なんのこっちゃ?」ってな感じで、その時の話は全く噛み合わずに電話を切った。

それから三〜四ヵ月後、小黒氏の知り合いのプロデューサーの方から、「誠真会館の井上誠吾館長が福島県で震災復興の応援映画を作りたいから、協力して欲しい」というお話を頂いた。

「もちろん喜んで」という話になり、私は、知人を介して、早速東京で井上館長とお会いする事になった。

簡単な自己紹介を済ませ、お酒と料理が運ばれてきた頃、井上館長は「福島への想い」を映画にして応援したい旨を速射砲の如く話し始めた。そして、「空手への想い」も機関銃のように止まらない。ついでにお酒も止まらない。完全に先手を取られ、話に惹き込まて、知人が一次会の店を出て帰った後、二人きりになった私たちは朝まで飲んだ。

その後、井上館長とは完全に意気投合し、電話でも事あるごとに長時間話した。そして、その年の一一月末、井上館長は門馬道場に来られて、道場内から映画に出演する子役オーデションを実施し、いよいよ映画の話が本格化した。この映画は、被災地に対して、井上館長なりの、イヤ、誠真会館という空手団体をも含めた方達の想いが込もった、復興支援の映画である。

震災後、井上館長は、福島原発行動隊の一員として、「福島にいこう」のボランティア活動に参加したらしいが、被災地の惨状を目の当たりにして、己れの無力さを痛感して帰ったらしい。「一体今の自分には何が出来るのだろう」と考えた末、映画を製作し、その収益金の一部を義援金に充てさせて頂く、という別角度からの「ご奉仕」をしようと決心したそうである。

この映画には、女優の菜葉菜さんや、俳優の寺島進さん、関根大学さん、萱田俊さんなどが協力してくれたほか、多くの門馬道場生と、そして私も出演させて頂いた。福島弁全開の私のセリフもあったが、恥ずかしながら何とか撮影も終了した。その映画のタイトルは『リトルウイング　～3月の子供たち～』。

「福島で被災した母と子が東京へ引っ越してきて、街の人々に支えられながら、空手を通して成長していく」という物語である。

そして、映画協力のお話を頂いてから一四ヵ月後、震災翌年の九月一六日、「第八回全福島空手道選手権大会」が、門馬道場関係者の総力を挙げて盛大に開催された。この来賓席には、井上館長の姿があった。そして、次の日の九月一七日、矢吹町の文化センター大ホールで、仮設所などに避難している方々も招待し、大会関係者も参加した復興支援チャリティー上映会が行われた。

小さい町ながら、上映会に集まった入場者数は約六〇〇名。皆が、食い入るように映画を観ており、物語が進むにつれ目頭を拭う人もいた。ラストシーンが終わり、エンドロールのキャストが流れ出した時、大きな拍手が沸き起こった。鳴り止まない拍手の中、舞台挨拶に立った井上館長は、男泣きし、「ありがとうございました」の言葉がなかなか言えなかった。見ている私達も、涙が止まらなかった。

映画は終わったというのに、拍手は鳴り止まなかった。感動の拍手、感謝の拍手で、井上館長はその後もずっと泣いていた。

二〇〇六（平成十八）年、日本空手連盟誠真会館を立ち上げられた井上館長は、現在、二代目を加藤邦顕

映画のリーフレット（2012年）

氏に託している。ご自分は最高師範として一線を退くも、未だに現役で指導に当たりながら、前々からの夢であった文武両道の「武道高校」の創設に駆け回っているらしく、私も協力要請されている。

私如きでは、何の力にもならないが、愛すべき井上最高師範がやる事であれば、一緒に歩いてみるか……という気持ちである。上から目線で大変申し訳ないが、私と井上最高師範の関係性を汲んで頂き、ご容赦願いたい。

井上最高師範と一献酌み交わしてから、既に一〇年の月日が流れようとしている。奇しくも震災がつくってくれた縁であるが、井上最高師範の、福島に対する想いや空手に対する想いはあれからずっと変わらず、今でも酒を酌み交わす度に熱い語らいがエンドレスに続く。誠真会館と門馬道場の絆、そして、私と井上最高師範が盟友としてお互いを大切にする気持ちは、生涯変わらないであろう。

ギリギリ土壇場でも乗り越える強さ

震災から一年後の三月一一日、門馬道場の審査会が行われた。

前日の夜から、テレビは震災のニュース一色。無責任なニュースも飛び交っている。中には同じ日付の三月一一日、再び大地震が来る、という噂もあったので、私は緊張して審査会場に向かった。

東日本大震災は、約二万人の死者、行方不明者を出した未曾有の大災害だった。一年経っても遅々として復旧は進まず、原発の問題と相まって、不安な日々を強いられている人達がまだ大勢いた。

しかし、審査会場には、受審者、指導者、スタッフ、父兄など四〇〇名程が集まっていた。その全員が、希望に満ちているように見えた。

震災を乗り超えて稽古を続けてきた生徒や家族、震災後に入門してきた生徒や家族、そのみんなが、昇級に向かって頑張ってきた。つまり、空手を通じて向上心を持って、前向きに生きてきた証でもある。ここにいるみんなは、きっと大丈夫。この福島の地で、強く生きて行ける。その覚悟もある。

午後二時四六分、全員で「黙祷」を捧げながら、私は、強く込み上げる想いに身体が震えた。同時に、会場に居る全ての人達の想いがパワーとなったような、エネルギーに満ちた不思議な感情も味わった。

これは、会場に居るみんなの「希望」、そして「あきらめないで頑張ろう」という「覚悟」のパワーだ。

まだまだ捨てたもんじゃないぞ、福島。私達は、絶対にあきらめない。

審査会の数日後、震災で中止されていた、「県南地区交流錬成大会」「県北地区交流錬成大会」が行われた。門馬道場には、「全福島空手道選手権大会」と、「チャレンジカップ白河」の二つの大会があるが、「全福島」は県大会のため、新人は出にくい。このため、新人戦としてチャレンジカップを始めたのだが、道場内の交流大会なのに参加者は四〇〇名を超え、レベルも上がり、本当の意味での新人が出にくくなってしまった。

そこで、入門半年くらいでも参加出来る大会にしようと、前々からこの交流大会を計画していた。やっと実現した訳だが、期待どおりの大成功だった。県南一四〇名、県北一六〇名、合計三〇〇名の黄色帯（五級）までの新人選手達が参加。組手と型の両部門を設けたため、延べ人数は六〇〇名を超えた。

この大会でも、震災を乗り越えた強さ、これから福島で生きて行く覚悟が見て取れた。負ける事が恥ではない。倒れる事も恥ではない。恥ずかしいのは、負けて、そのまま終わる事。倒れて、起き上がらない事。

被災地の福島は、これからも幾多の困難を乗り越えなくてはならない。否、被災地でなくとも、人生では多くの困難に直面するし、それを乗り越えながら生きていかねばならない。そのために必要なもの、それは本当に苦しい時、ギリギリ土壇場でも乗り越える強さ、最後まであきらめない事である。最後まであきらめない人こそが、土壇場に強い人である。

私は「道場」で、「土壇場に強い人」を沢山育てていきたいと思う。頑張る事をあきらめない事、それが「あきらめない心」であり、門馬道場の理念でもある。

この原稿を書いている現在、新型コロナウイルスがパンデミックとなり、世界中が震撼している。日本において緊急事態宣言は解除されたが、まだまだ予断は許さない。お笑いタレントの志村けんさんや女優の岡江久美子さんが、新型コロナウイルスに感染し、必死の治療も適わずお亡くなりになった影響はとても大きく、日本中がワイドショーに釘付けになった。

しかし、新型コロナウイルスに関する垂れ流しのワイドショーの情報は、果たして正しい情報なのか間違った情報なのか、わからない状況の中、日本中が「自粛」を強いられている。

あの時と同じである。震災の時、原発が水素爆発し、放射能漏れが起きた時がフラッシュバックする。匂いも、色もなく、目に見えない、相手がよくわからない。見えないものが、私達の生活を脅かしていく。新型コロナウイルス感染拡大の今も、非常に厳しい状況であり、この不安の中の生活が、「日常」になってしまっている。誰もが、日々のニュースに気持ちも沈み、前向きな気持ちになれない不安な毎日である。このままズルズル自粛が続けば、日本の失業率はリーマンショックや震災を遥かに超える。経済破綻がそこまで来ているのに、バカの一つ覚えみたいに「自粛」を連呼している無策な政治家達。こんな状況でも多くの人達は、政治家任せ、テレビの情報頼みである。テレビ番組の司会や専門家でもないコメンテーターが、好き放題に持論を展開し、何でお前が？　というお笑い芸人が、危機感を煽る。

銀行から会社の運転資金を借りた事も、お金に困った事もないであろう、経済活動に疎い輩が「自粛」を強調し、ワイドショーに釘付けの人達はそれらを鵜呑みにして、家族や周りの人達に異常に過敏になり、子ども達の不満や不安に拍車をかける。

しかし、私達は生きなければならない。あの時も、もし放射能の恐怖に怯え、外出も控えて経済活動を自粛していたら……今の福島県の復興はあり得なかった。放射能は危険と知りつつ、それでもどの程度なら大丈夫なのか自ら情報を取捨選択し、自己の責任の下に出来る限りの経済活動を行い、故郷や家族を守るべく復旧・復興に努めたからこそ今がある。

現在、門馬道場でも、日々状況を把握して、稽古や大会のほか、全ての道場行事を中止または延期している。しかし、これは簡単な事ではない。まず、経済的にとても大変である。きれい事ではなく、稽古を休止するという事は月謝を頂けないという事。常設道場の地代や家賃、そして道場職員四人分の給料など、固定費が払えなくなる。

そして何より、空手に人生をかけた職員達が、数ヵ月も教室開講出来ない中で、空手の先生であり続ける事のモチベーションが維持出来るのかという不安。当然、習う生徒側も、空手という厳しい武道の世界で己を律している緊張感がふっと解け、再び道場で自己鍛錬の厳しさに耐える気持ちになるか、道場に人が帰ってくるのかという不安もあった。

そんな不安を打ち消すために、オンライン稽古もやってみた。Ｙｏｕｔｕｂｅで門馬道場チャンネルの開設もした。しかし、生徒と向き合えない教育、生徒と向き合えない道場に、何か価値があるのか……。何も出来ないジレンマ、コロナ如きに……。空手は、イヤ、自分はこんなにも無力だったのか……。

世の中は、今の時代には当たり前のように、小学校教育の補完として、オンライン教育を推し進めた。だが、先生と生徒のつながり、先生が見ていてくれる心の安心感、生徒の笑顔・泣き顔・悔しそうな顔・笑い声……そういうものを共有してこその信頼関係であり、一方通行の教育なんてあり得ない。

そんな悲しく辛く空虚な日々が流れ、ようやく道場稽古が再開した。以前のように向き合っての組手稽古も、大きな声で気合いを入れる事も出来ないが、道場に子ども達の笑顔や笑い声が戻ってきた。もちろん、新型コロナの恐怖がなくなった訳でも、「昔の日常」に戻った訳でもない。

予想どおり、道場に帰って来ない生徒も居て、無力感もある。だが、この場所に帰って来た多くの生徒達は、やはり道場や私達指導者に対し、色々な意味での強さを求めているのだなと、身が引き締まると同時に、とても嬉しかった。

どんな時でも、強く生きるという事は、前を向いて進まねばならない。ギリギリ土壇場でも、私達指導に関わる者は、それを乗り越える強さが必要である。何故なら、門馬道場に関わる多くの人が、ここに寄り添い、ここが心の居場所にもなっているからである。

この大変な状況にも、焦らず奢らずゆとりを持てるように、適切に判断し、適切に行動して、この重大局面を、乗り越えていきたいと思う。

「決してあきらめない」。

武の世界では、「平時の武道、有事の武道」と言われるように、心構えとして「平時において心身を錬磨し、有事に際して備え、有事においては適切に振る舞う」事が大切である。

門馬道場が目指す空手道とは、単に武技のみの鍛錬ではなく、「心」を磨く事だ。日々（平時）の修練の積み重ねが「心の強さ」を養い、本当の「やさしさ」につながり、豊かな人間性を育む。

それこそが、有事に際しての心のゆとりであり、門馬道場が目指す空手道であり、武道教育の原点である。

奇跡の一本松で内弟子２人と（大住柊太と鈴木統河）（2012年）

第八章

本当の武道教育とは

空手は習い事ではなく、生き方である

私が空手を始めた頃や空手に復帰した当初は、「強くなるんだ。黒帯以外はゴミ。極真の世界は絶対的な封建社会であるべき。勝負至上主義。実力至上主義。向かい合ったら親でも倒せ」。そう思い続けて、私なりにこだわってきた。

だが、現在の道場には、「そこまで頑張らなくても」「そこまで真剣にならなくても」と言って、習い事感覚で武道に親しむ人が増えている。

「礼儀正しくなれば」「身体が強くなれば」「気持ちが強くなれば」。これはこれで良い事だが、年齢をある程度重ねて復帰した事で、私の中の極真空手観は徐々に変わってきた。

それは、昔と違い、入門してくる方々の空手を始める動機や目的の多様化、空手を単なる習い事として選んでいる事への疑問や不安感や危機感による。そして空手は、確実に教育としての素晴らしい側面を有している事を、直に感じ始めた。

例えば、泳げるようにならなければスイミング教室の意味がないし、ピアノもバレエも、その技術を習得する事が目的であろう。野球もサッカーも、その競技自体の上達や、スポーツ的な身体の成長を期待しているのだと思う。

では空手はというと、不思議に空手で学ぶ「突き・蹴り」「型」が出来るようにとか、瓦が割れるようにとか、いわゆる「空手」そのものを習得して、競技の上達や身体の成長を期待するというより、弱

い自分を変えたい、心が強くなりたいという、自分自身の精神面での成長を望む声が多い。

子どもを習わせる親御さんにしても、気持ちの強い子に、礼儀が出来るような子に、落ち着きのある子に、優しい子に、途中で投げ出さない子になど、精神面での期待が大きい事に気付く。

私が入門した四〇年も前なら、入門動機は皆一様に、「喧嘩に強くなる事」であった。だが、現在の入門動機は一口にくくれない。この入門動機の多様化は、空手に対する期待の多様化でもある。何より日本には、「武道は人間形成に効果的」というイメージがある事は嬉しく思う。

もちろんイメージだけではなく、空手はその期待に応えられる可能性がある。稽古は厳しい上、年に数回の試合に臨む恐怖感、緊張感は、半端ではないのだから、「心」が強くなる事は請け合いだ。

ただし、暑い、寒い、疲れた、勉強があるから、用事があるからなど、何かと理由を付けて稽古を度々休んだり、全く試合にも挑戦しなかったりするようでは、「心」が強くなる道理はない。

また、道場では「礼儀」や「礼節」を学ぶが、殊更それだけを声を大にして教えている訳ではない。勘違いして欲しくないのは、道場でうるさく言われて仕方なくやったとしても、家庭や学校で出来なくては、何の意味も成さないと言う事だ。「礼儀」や「礼節」は、道場で師範・先生・先輩などと一緒に稽古する中で、作法や所作を学び、各人が自然に身に付けていくものである。

そして、その礼儀、礼節が、相手を敬う事から自然に生じるものなのか、単なる形式で終わるのかは、その人の心のあり方、つまり修行の度合いで変わる。身体が強くなるかどうかも同じで、ただ道場に来たから強くなる訳ではなく、そこで自分がどれだけ真剣に取り組んでいるかに尽きる。

このように、武道を通した教育とは、「心」が成長した結果、副産物的に礼儀・礼節が出来るようになるのだ。「心」は、あきらめないで厳しく苦しい稽古に耐え、「技」を習得し、「体」つまり身体が成育する過程の中で磨かれ、成長するというように連環している。

武道の修行過程では、「体・技・心」の順番で会得するものであり、最も大事なのは「心」であるが、これらは全て調和しなければ、なかなか「心」の領域には届かない。

しかも、それを継続しなければ、元の木阿弥で、その連環が壊れていけば、それはもう武道教育とは呼べない。

こうなると、もはや習い事感覚では無理である。

週に一～二回の稽古を、二～三年続けたから、弱い自分の「心」を強く変える事が出来るなら、誰も苦労しない。


だからと言って、習い事感覚でも、必死に頑張っている人も居るだろうし、何も習い事自体が駄目だと否定している訳ではない。

空手であっても、ちょっとした趣味の幅を広げるとか、健康のためや、ストレス解消や、武道の礼節を学びたいというだけであれば、最初は習い事感覚で入門しても構わない。だが、目的がずっとそのままでは、二年も三年も長く続けるのは困難である。

道場で真剣に稽古していれば、人生を賭して教えている真剣な指導者、稽古に真剣に没頭する同じ道場生の仲間、そしてそれらを取り囲む保護者を含む様々な人達に触発されて、やがて目的や目標が変わっていく人が多い。また変わらなければ、道場として機能していないと言ってもよい。

空手の稽古を継続させるためには、このような仲間の存在や、同じ目的や目標を持ち、自分自身がより高みを目指し、人としても成長したい、という強い願望が不可欠なのだ。

こう書くと、やはり空手道場は敷居が高いと思われそうだが、大して努力もしないで、礼儀や礼節が良くなったり、身体や心が強くなったりする筈がない。この事を、私たち大人は自覚するべきである。

子どもの頃から甘えさせ、世の中ホドホドに頑張ればよいと、世の中をなめたような子どもになったとしたら、それは親の責任である。頑張っても、頑張っても、思いどおりにならないのが人生である。その真実を伝えられる道場として、今何が大切なのか、それを伝える指導者はどうあるべきなのか、そういった考え方を併せ持ち、人生の指針とも言えるような、生き方としての空手が求められているのではないだろうか。

弱い自分に勝つには、様々な試練を乗り越え、日々の生き方を通じて自分に自信を付けるしかない。道場は、そんな生き方を学ぶ場所なのである。

ミットを拭く少年部（2020年）

名ばかりの「武道教育」

第二次安倍政権の時に、教育再生として、「六・三・三・四の学制改革」なるものを掲げ、理想的な改革をしようとした。学校教育の現場を今のまま放置しながら、学制をいじっても大して意味はなく、そんなに単純な話とも思えない。

現在、日本の中学校教育には、「武道教育」が必修科目になっている。「武道は人間形成に効果的」と、期待されているのは嬉しいが、その中身はどう見ても短絡的で荒唐無稽、実際に武道を教えている私から見ると、名ばかりの武道教育であり、世紀の愚策としか言いようがない。

「武道必修化」により、全国の中学校で採用実施している武道は、柔道が六割強、剣道が三割強、つまり殆どが柔道か剣道である。

柔道場がない中学校も多いため、剣道になる事も多いらしい。剣道は防具が高価な上、着脱や臭いなどの問題もあり、運動着のまま竹刀だけで授業をしている中学校もあるらしい。

困ったのは、教える側の教師達だ。柔道、剣道を教えられる先生が多く居る筈がない。愛知県では三回講習を受ければ、柔道の黒帯が貰えることが話題となり、メディアに散々叩かれた。全く知られていないが、福島県では講習会を一日受ければ、柔道の黒帯が貰えるという信じ難い事実がある。

運動着に竹刀だけの剣道、一日で柔道の黒帯となった指導者が教える「武道必修化」。これを武道教育と呼ぶなら、もう学校での人間教育には、希望が持てない。

中学生になって、初めて接したせっかくの「武道」がこんな状況では、ますます子ども達の武道離れが加速する。日本に生まれた子ども達が、日本の伝統文化である武道に触れ、その武道精神を学んで欲しいがための施策であろうが、本来ならば小学生の頃から学ぶべきであり、中学校の「武道必修化」は全く逆効果でしかなく、正に「侮道教育」と成り下がった。

そもそも、武道教育は早ければ早い方がよい。人が一人前の大人になるためには、実は子ども時代が最も重要らしく、「子ども時代の教育で足りないところは、後々少しずつ克服すればよい」などと思っていると、手遅れになるかもしれない。

例えば、男の子なら三歳ぐらいから「男」になり始め、小学校を卒業する頃には、人間性の基礎はほぼ出来上がっている。現代の「草食系」ならぬ「絶食系」男子は、この大切な時期に男になり損ねた者達である。

本来の道場は、男性はより男性らしく、女性はより女性らしく、凛とした空気の中で、己自身を見つめ直し、自己研鑽・自己鍛錬する場所である。当然、習い事感覚では受け入れ難い。武道ならではの稽古の厳しさや、目上に対する礼儀・礼節の徹底のほか、規律や所作など厳しい部分も多々あるが、誤解を恐れずに言えば、その封建的社会がなければ武道教育は成り立たない。

そこには、子ども達一人一人と真剣に向き合い、目的や目標を示して、引っ張って行ける指導者が不可欠になる。同じ目的や目標を持った者同志だからこそ、より良い人間関係が構築され、居心地の良い環境となる。これは大人にも言える。

家庭環境の問題、学校環境の問題など、本質的なものを見過ごさないように、私達指導者は常に問題意識を持って、道場での人間教育に取り組まなければならない。武道と呼ばれる種目の上辺をなぞっても、それを決して武道教育とは呼べない。このような事から、武道に関わる者の一人として、現在の「武道教育必修化」に警鐘を鳴らしたい。

せっかく政府が打ち出した武道必須化。これを活かすためには、遅くとも小学校低学年のうちに、きちんと武道の修行をしている外部講師を招いて、武道の世界を身近に感じるように教育することが必要である。これを中学校卒業まで継承すれば、それなりの武道精神は身につく。その武道精神をもって、将来日本や世界で活躍してくれる有能な若者を育てるべく、名ばかりではなく、真の「武道教育」に変革すべきである。

負ける練習

私の盟友である、カウンセラーの鈴木稔氏の講演の中で、相田みつを氏の『負ける練習』という詩が紹介された。私はとても共感したので、早速その本を買って読んだ。

内容は、柔道の基本である「受け身」を、人前で投げ飛ばされる練習、つまり、人の前で負ける練習、恥をさらす練習とし、「これが大切だ」と言っている。カッコ良く勝つ事ではなく、潔く負ける事を学ぶ。

相田氏は、「負けてもすぐ立ち直る、それが受け身の極意。これが身に付けば達人」とも言う。

失敗すれば、人間だから誰でも恥ずかしいし、出来れば隠したいと思ってしまう。しかし、いつも「失敗しないように、間違えないように、出来れば隠したい」などと思っていると、それは消極性を生み出すばかりか、成長の妨げになり、次の失敗にもつながる。

隠すのではなく、失敗をさらけ出し、苦しくとも受け入れる覚悟を持つ事が、次の成功につながるのではないだろうか。そして、この経験こそが、強さや優しさになる。

親や先生は、常に「勝つように、負けないように」と考え、手や口を出しがちだが、もっと「負ける練習、間違える練習」の機会を見直して欲しい。最終的には、「自分の身を守るための成長」に必要な事だからだ。

ある大会を前にした道場稽古の最中に、「今度の大会に出る人、手を挙げて」と私が聞いたら、稽古も積極的にこなし、これまでの大会にも頑張ってきた子が、手を挙げなかった。そばに寄って、みんなに聞こえないように、「どうして、出ないの？」と聞いたら、「どうせ試合に出ても勝てないんだから、お金がもったいないとお母さんに言われたんです」と、うつむきかげんに話した。

私は開いた口がふさがらなかった。気を取り直し、「それはお母さんが間違ってると思うぞ。何でもそうだが、やってみなくちゃわからない。最初からあきらめてどうする？　負けても、次は勝とうと努力する。でも、また負けるかもしれない。そしたらもっと努力する。その繰り返しが大事なのは、道場にずっと通ってるからわかるよな？　お母さんに教えてあげな」と伝えた。

子どもに対し、親の批判をするようで心苦しかったが、私はつくづく切ない想いになって、稽古後の訓話でもう一度、みんなにも話した。「例えば、小学五年生のSが、今まで試験も、運動会も、大会も、一度も負けた事がなく、常に勝ち続けていたら、こんなに優しい子になったと思うか？　こんなに頑張れる子になったと思うか？　負けても、負けても、あきらめないで頑張ったから、今は優しい良い子なんだよな。負けて、学んで、人は大きくなるんだ。負けるから恥ずかしいとか、負けるからやらないではダメだ。最初からあきらめないで、挑戦をしような。そうやって、お前たちは成長していくんだぞ」と言ったら、みんな真剣な目をしてうなずいていた。

子ども達はわかっているのに、大人が先にめげていまい、子どものチャンスを潰している。どうせ勝てないから勝負しない、勝つとわかっていなければ戦わない、と考える人のいかに多いことか。人生には負けるとわかっていても、勝負しなければならない時がある。結果がわかっているから始めから挑戦しないなんて生き方を、子どもの頃から植え付けてどうするのか。食べても食べても、どうせまた腹が減るなら食べなくてよいのか。必死に努力して頑張っても、どうせ最後は死ぬなら生きなくてよいのか。我が子がそんな冷めた人生を歩むのを、親として望む筈がないと思うのだが……。

子ども達は、失敗しながら成長するものだ。もし失敗したとしても、それはこれから強くたくましく、そして優しく生きていくための「負ける練習」だ。

親はもちろん、教育に関わる人全てが、子ども達に対して、失敗を恐れず、何事にも「挑戦」する精神が芽生えるように、背中を押してあげて欲しい。

結果が出ないと悩む人たちへ

空手の道場に入門する動機は多様化していると書いたが、「気持ちの強い子にしたい」などと話していた親の期待が、いつの間にか「優勝して欲しい。勝って欲しい」に変わっている事がある。

親は、我が子に過度の期待をかけがちだ。「勉強を頑張って良い成績を」「運動会は頑張って一等賞を」「サッカーはレギュラーに」「空手は勝たないと」。これでは、子ども達が可哀想だ。いつの間にか、頑張るとは「人に勝つ事」に変わってしまった親の期待に、応えきれない子どもは、自分に罪悪感を感じ、自己肯定感が低下する。やがて、自分に自信がなくなって、その苦しみから逃げるようになる。これで、多くの子ども達が潰れていく。

親は、我が子にちゃんと目を向けて、そのままを認めてあげるべきである。

そして、それ以上に我が子の成長を願うならば、我が子の周りにいる子ども達にも目を向けてあげる事が必要である。

子どもが頑張って試合に出る。空手の試合は恐怖心が常に付きまとうが、それを克服して子どもは出場する「覚悟」を持つ訳だから、出場するだけでも誉めてあげるべきである。試合で頑張って、結果、負けたら子を叱る親、殴る親が居るとすれば、それは教育として間違っている。

子どもは、頑張ったら誉めてあげる、そこから逃げたら逃げないように励まし教えるのが、教育である。頑張ったのに叱られたり殴られたりしたら、子どもは頑張っても仕方ないと思ってしまう。

そして、自分の子が負けたら、勝った子を讃える。自分の子だけ勝てればそれでよかろうという教育では、他人への思いやりを欠いた利己的な子どもになる。子どもを取り囲む、周りの全ての子を共に育ててあげなければ、「武道教育」ではない。

子ども達の稽古後の笑顔

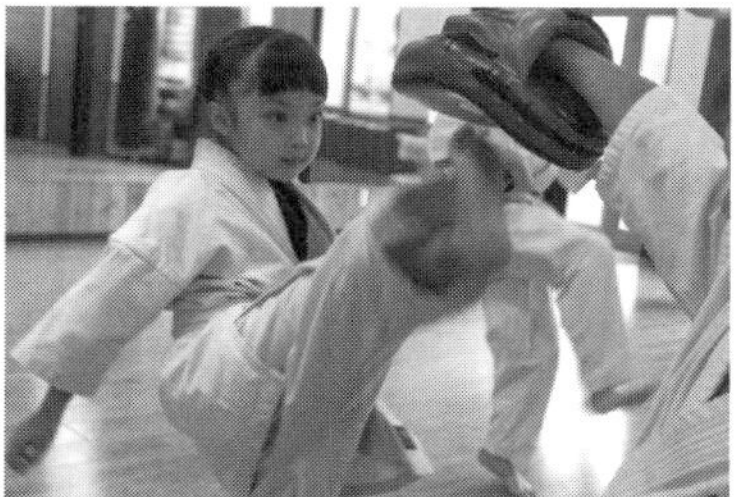

稽古に懸命に取り組む

現代の日本を代表する経営者、京セラの創業者の稲盛和夫氏はこう言っている。

「欲はあってもよい。だが、自分だけが満たされて満足する小さな欲ではなく、世界中の人の満たされる事を願う『大欲』を持て」

我が子を思う気持ちはわかるが、周りの子ども達にもどう配慮していくかが問題であり、それを示すのが教育なのである。

「向こう三軒両隣」という言葉がある。昔は、地域みんなで一人の子どもを誉めたり叱ったりして育ててきた。あなたの子どもが凄いとすれば、決してあなただけの力ではなく、色々な分野の、様々な人達の協力と恩恵を受けた結果である。我が子だけの勝ち負けに、一喜一憂してはならない。小学校や中学校での勝ち負けは、運動会の玉入れ競技のようなものであり、それほど重要な事ではない。目先の勝ち負けより、継続する事の大切さを知る事が重要なのだ。九九回勝っても、一〇〇回目に負けてあきらめたら、何にもならない。九九回負けても、一〇〇回目に勝って続けた者の方が、どれだけ尊いだろうか。

もちろん、子どもであっても試合に出る以上は、絶対勝つんだという気概は必要である。しかし、これだけは言える。勝ちより負けの方が学ぶ事は多いし、その負けた悔しさは大きなバネになる。真剣に稽古に臨んだ者は、必ず成長する。流した汗は、嘘をつかない。逆に怠惰な気持ちで臨んでいる者は、いつかしっぺ返しがくる。

当たり前だが、どんな世界でも努力を怠ってはならないし、努力を怠る者に成功への道は開かない。努力をしたら必ず成功するとは限らないが、だからと言って努力をしなければ成功もない。ましてや勝負の世界だ。必ず勝敗はつくが、その勝敗は、努力の度合いに比例して決まるものではない。負けた事を良い経験として、学ばせていく事も武道教育である。

「勝って奢らず、負けて腐らず」、勝っても負けても必ず得るものがある。負けて一番悔しいのは子どもである。親がめげている場合ではない。その経験を今後どう活かすかで、未来を担う子ども達の将来が決まると言っても過言ではない。

武道は努力した過程を問う生き方である

大会の結果ばかりを追い求める人に多いのが、一生懸命「努力」をして大会に「挑戦」しているのに、それだけでは満足出来ずに、大会で負けたら全て終わり。負けから学ぶ事を拒んでいるような人達もおり、辟易してしまう事も多い。

門馬道場の内部大会では、大会は道場稽古の延長であるから、閉会式が終わるまで大会会場に最後まで残るように、生徒には常日頃から言い聞かせている。

ところが、ある大会で、準決勝・決勝まで残った、同じ道場の仲間を応援しないで、帰ってしまった少年部の生徒がいた。多分、親御さんの都合だろう。自分の子どもは負けてしまったので、仲間が頑張っている事など気にも留めず、早々に帰ってしまった。もちろん、元々どうしても外せない予定や、緊急な用事があったのなら仕方ない。でも、特段用事もなく帰ってしまった人が居たとしたら、もし、逆の立場で自分の子が決勝に残った時、道場の仲間が応援もしないで帰ってしまったら、どう感じるか考えて欲しかった。

大会は道場稽古の延長であるというのは、そこも修行や学びの場であるからだ。仮に自分の子どもが負けてしまったとしても、決勝まで仲間を応援し、今回勝てた子は何が違うのか、その子はどれほど稽古を頑張ってきたのかを話し合い、「来年はあの場所で表彰されるように頑張ろうね」と、努力する大切さを教える機会とするべきではなかったか。

会場客席には、食べ終えた弁当の容器が散乱していた。協力してくれたスタッフの中には、遠方から来てくれたのにも関わらず、最後の掃除まで手伝ってくれた保護者の方も居た。そういう姿は、ちゃんと子どもも見て学んでいる。自分だけ良ければ、人の事はどうでもよいというような行いをしている親に、真の教育など出来る筈がない。

子どもは、生き方さえも親の真似をして育つ。親を超えていくためにも、親は目先の結果ばかりに捉われず、「挑戦して努力した過程」を認めてあげるようにしなければならない。

スポーツはオリンピックを頂点としており、結果が最優先されるが、武道は結果ではなく、努力した過程を問う「生き方」である。「技を教えて心を教えず」。本末転倒にならないように、私達指導する側も、肝に銘じなくてはならない。

現代武道の目的は、厳しい修行を通して、人から信用・信頼される人になる事である。だが、空手をやっていても、ダメな奴は一杯居る。

「あいつダメだね、えっ！　空手やってるんだ。道理でね」という事にならないようにしなければならない。そうならなければ、やがて空手は世間から疎外されていってしまう。

私も、まだまだ修行の身。とても偉そうに言える立場ではない。しかし、極真空手の底辺で葛藤し、空手や居合の試合で負けた事で多くを学び、あきらめないで続けてきた事で、今の自分があるのは間違いない。どのような期待を持って入門しても、途中であきらめたらどれも叶わない。

試合に負けたからサッサと帰るのは、自分本位の身勝手な大人の考え方だ。道場稽古で疲れたからといって、途中で帰る人は居ない。何度も言うが、試合も道場稽古の一環なのだ。

大会の場も含め、道場は、子ども達が成長する場であり、大事な教育の場として、神聖な気持ちで指導させて頂いている。その道場で、大切な時間を割いて稽古をしているのだから、そこに関わる全員が明確な目的・目標を持って、一緒に成長したいと願っている。

悪魔のささやき

私は、学校や企業などで講演を依頼される事もあり、その時に、人間が行動を起こす時の「四つのタイプ」を話すことがある。

流れの激しい幅の広い河の向こう岸に、自分が欲しいもの、手に入れたいものがある時、「人は、どういう行動を取るか」というものだ。

一つ目のタイプは、自分の力で何とか泳ぎきって、渡ろうと努力をする人。

二つ目のタイプは、仲間と力を合わせて、橋を造るか、舟を造るか、みんなと協力しながら渡ろうとする人。

三つ目のタイプは、人が努力している姿を見て、自分も頑張ろうとするが、躊躇して行動に移せない人。

四つ目のタイプは、人が努力している姿を見ながら、自分は何もせず、「渡れる筈がない」「流されて、溺れてしまえ」と僻んでいる人だ。

人間の行動パターンとして一番多いのは、三つ目の「今やろうと思ったのに」と言いながら、なかなかやらないタイプだろう。

次が四つ目のタイプで、頑張る人の足を引っ張ったり、ヤジを入れたりする事のみに、生き甲斐を感じている人だ。

私達昭和生まれの年代は、常に高い目標を掲げ、「目標に向かって、あきらめないで頑張る」という考え方は当たり前で、そこに向かって努力する事の大切さを教えられた。しかし、今はそれ自体が「普通」ではないらしい。

たとえ話ばかりで恐縮だが、目の前の高い山に、自分の見たい景色や自分の欲しいものがあるとしたら、人間は誰でも、そこを目指して登りたくなるものだろうし、そこに向かって努力するだろうと思っていた。大人が子どもに、「目標を持って頑張れ」と励ます事とは、そういう事だと思っていた。

ところが、大人がその目標を持っていない事が多いから、話がややこしい。一応子どもには「目標を持て」とは言うが、実際、本気でその山に登ろうとしている子に、「そんなに無理しなくてもいいよ。そんなに頑張らなくてもいいよ。疲れたでしょう」と甘やかし、「あなたには無理。どうせ出来る筈がない」と悪魔のささやきで、子どものやる気をそぐ。

本気で山に登ろうとしていたのに、親に「無理しないでいいのよ」と言われれば、「じゃあ疲れたから帰ろうかな」となる子も当然出てくる。

これでは、子どもはたまったものではない。これは、親がまともに目標を持ったり、目標に向かってがむしゃらに頑張ったりした経験がないからだ。

これこそ言葉だけの教育であり、これでは子どもは成長しない。

高い山に登れば登るほど、行動範囲が狭くなり、自由も束縛され、そこで出会う人も限られてくる。逆に、山に登らず麓に居れば、行動範囲も広く、自由で出会いも多い。どっちを選ぶかは、人それぞれだが、少なくとも、頂上を目指して日々努力している人と、ホドホドでよいんだとラクばかり求めている人では、人生の輝き方が違う。

ある小学生の男の子が、母親と一緒に道場に見学に来て、体験稽古をした後、その子は入門した。

「気の弱い子なので、強くしたい」と、入門動機を話す母親の後ろにいる子は、見るからにもの静かな子だった。

しかし、その子は週二回の稽古も休みがちで、演武会など道場行事にも全く参加しない。当然、審査も受けないし、合宿にも大会にも出ない。その子の母親とも、最初に会ったきり一切道場に顔を出さないので、話す機会もなかった。いつしか、その子は道場に全く来なくなった。挨拶もないままの自然退会である。

退会して一年程経った頃だろうか、退会したその子の父親と話したという、同じ小学校の親御さんから聞いた話は悲しかった。

「空手よりサッカーの方が合っているんじゃないか。最初からサッカーをやれば良かった」と、その父親は後悔していたと言う。聞けば、その子はイジメられていて、それで空手をやろうと思ったらしいが、息子が空手は合わないと言ったため、「お前は優しい子だから、人と競う空手は苦手だろうな。お前の好きなようにしなさい」と言う事で、サッカーを始めたので、空手は辞めたという事だった。気持ちはわからなくもないが、やはりこれは親がめげた事による悪魔のささやきである。案の定、その子へのイジメはなくならないばかりか、サッカーも辞めてしまったらしい。

本来、親としてこの子の将来を思うなら、空手ではなくサッカーをやれば良かったという、「選択した事の後悔」をさせるより、空手に入門したにも関わらず、「一所懸命に頑張らなかった自分を後悔」させるべきである。

また、空手が合うも合わないも、それがわかるほど稽古に来ていないし、何も空手だけが人と競う訳でもない。ましてや、辞める意志も示さないまま退会というのは、どう贔屓目に見ても間違っているし、これでは親も子どもも、世の中から逃げているとしか思えない。

「苦しい時は立ち止まり、ゆっくりゆっくり休みながら歩けばよい。頑張らなくてもいいんだよ……」と、人生に疲れた人に向けた本などで、必ずこの言葉を目にする。確かにこの言葉は、追い詰められて苦しい人にとっては、救いの言葉であろう。なので、この言葉を否定する気は毛頭ない。ただ、頑張り過ぎて疲れた人と、最初から頑張る事を逃げている人とは、全く違う。人生に輝きを求める人、輝きを求めない人、どっちの人生が良いという事ではない。

だが、「輝きを求めて頑張る道」を選んだとするなら、ちょっとやそっとであきらめてたまるか……。島田紳助さん曰く、「人生は下りのエスカレーターを上っているようなものだ」のとおり、立ち止まれるのは、ある程度上に行ってからである。最初から立ち止まってしまったのでは、すぐに落ちてしまう。

頑張って、頑張って、そのずーっと後にやがて来るかもしれない「頑張らない生き方」は、「頑張って生きてきた」人の特権なのではないだろうか……。

これから未来ある若者達には、人としての向上心、それらを追い求める事の素晴らしさをわかって欲しいと願うが、それにはまず親が、「目標を持ち、それに向かって努力し続ける事の大切さ」を実践する事で、身をもって体現し、言葉だけの教育に逃げない事だ。

先の「四つのタイプ」で、親は一つ目や二つ目のタイプを我が子に望むだろうが、親自身が三つ目のタイプでは、子どもに期待する事自体が可哀想だ。まして四つ目のタイプは論外であり、子どもにあれこれ言う前に、自分の生き方を見直した方がよい。

武士道とは死ぬ事と見つけたり

世の中には、「エリート」と呼ばれる人も多い。このエリートという呼び方自体、子どもの頃から遊びたいのを我慢し、勉学に励み、受験戦争にも勝ち続けてきた人への、多少の皮肉が込められている。

普通の人が漫然と過ごしている間に努力し、人生の勝者となる権利を得て、一流企業や官公庁に就職し、有望かつ安泰な将来を手に入れる。

それればかりか、一部の思想を持った人達は、やがて選挙に打って出て、見事当選した暁には「政治家」となり、地位や名声、そして強大な影響力を手に入れる。

これはこれで、もちろん素晴らしい事だから、否定などはしない。

なぜなら、多くのエリートや政治家は、生まれながらにして勉学に励まざるを得ない環境に置かれ、私が子どもだった頃のように、自由奔放には居られなかっただろうし、小さい頃から、可哀想と言えるくらいに、努力に努力を重ねてきた筈である。そのご褒美が、今の「地位・名声・収入」となって現れているに過ぎないからだ。

そういう努力をし、成功を掴んだ人を、頭から否定するのは、自分が努力しなかった事を、心の中では知っている「負け犬」だ。

負け惜しみを言うだけ自分が空しくなるから、素直に認めるところは認め、一般論としてエリートや政治家は「エライ」でよいと思う。

だが、最近はその「エライ」方々の中に、自分が生き延びるために正しい判断が出来ない腰抜けが多い。江戸時代中期に、武士の心得として書かれた『葉隠』という本に、「武士道とは死ぬ事と見つけたり」という言葉がある。これは、「生き延びるために本当にやるべき事から逃げるのは腰抜けであるから、自身の生死に関わらず正しい決断をしなさい」という、武士道の思想を説いているものだ。武士道精神の再建のためと言って、「武道教育」を説いている今の政治家達は、一体どうなのか。

日々の「生き様」は、その人の「死に様」につながると思う。つまり、自分の死に様は、今の生き様の投影であり、表裏一体という事だ。

果たして今の政治家は、今の自分の生き様のままで、お天道様に向かって真直ぐ歩いていけるのだろうか？　やがてつながる死において、後悔する事はないのだろうか？　せっかく、小さい頃から一生懸命努力して頑張ってきたのに、今のままでは、ろくな死に方をしない政治家も多いと思う。

今からでも遅くはない。政治家こそ「武道」を必修にしたらよい。そうしたら、小さな島国日本も、もう少しマシな国になると思う。

本当の「武道教育」とは、まず私達大人が武士道精神を理解し、自ら範を示すところから始まる事を肝に銘じて欲しい。

それぞれの道を求める

硬い話になるが、そもそも「武道」とは、武術（いわゆる人を殺傷・制圧するための術）に、人格の完成を目指す終わりのない精神修養の「道」、という理念が加わったものである。私達は、その武道を通して何を学び、そして何に活かすかを、明確にしなければならない。

まず、子どもにとっての武道とは、「我慢する心・あきらめない心」を育み、やれば出来るんだという事を教える、いわば、人格形成を理念としたスポーツでもよいと思っている。

それならスポーツ少年団でも、中学校の部活動でもよいのではとなるが、スポーツの指導者と、武道の指導者には、決定的な違いがある。スポーツの指導者は、自ら動かず口先だけのコーチになりがちな上、身体の構造にも疎く、結果として無理な運動をさせるため、スポーツ障害が後を絶たない。

その点、武道、とりわけ空手の指導者は、自ら動き、身体の構造にも詳しい。子どもと一緒に、自らの身体を動かす事で、限界点を見極める事が出来るし、それに対応した筋力トレーニングやストレッチングによって、スポーツ障害などを未然に防ぐ事が出来る。

　スポーツ少年団の指導者は、ボランティアである事をよい事に、そういった責任から逃れ、中学校の部活動では、下手をすると競技経験のない素人が指導している場合さえある。

　私が高校の野球部を辞めた件でも書いたとおり、全部とは言わないが、小学校低学年からスポーツ障害の危険にさらされている現状は、指導者に問題があると言っても過言ではない。

　一五年ほど前になるが、オリンピックなどでチームドクターとして選手と帯同しているコーチと話した時に、「日本のスポーツをダメにしているのは、スポーツ少年団と部活動だ」と言っていた。指導者の指導スキルの稚拙さを嘆いていたのだ。それが原因で、スポーツ障害が多発し、バーンアウトと相まって、選手生命は一五～一八歳くらい

自ら率先垂範で指導

がピークで終わってしまうらしい。

この話を聞いてすぐ、少しでも多くの子どもをその危険から救うために、門馬道場では私をはじめ指導員一同が、スポーツインストラクターの資格取得や、様々な技能を取得する取り組みを始めた。そして現在は多くの学校、施設を巡り、先生方や指導者、そして子ども達に、正しいストレッチングや、正しいトレーニング法の重要性を伝えている。

そんな中で、チームドクターのコーチが言っていたとおり、スポーツ指導者の指導スキルの低さを目の当たりにした。そこで、門馬道場自らスポーツ少年団や体育協会に加盟し、各市町村のスポーツ少年団を内側からも改革すべく、活動を続けている。

「空手は武道、何でスポーツ少年団に加盟するんだ」などと言う声も聞いたが、以上のような理由から、私に言わせれば論外である。

このように子どもの頃は、スポーツ障害やバーンアウトにならないように、指導者自ら真剣に学ぶ必要があり、一緒に動いてくれる良い指導者にさえ付けば、スポーツ少年団でも部活動でも何ら問題ない。

ただし、スポーツ少年団などとは異なり、勝ってもガッツポーズをしない、勝ち負けの結果より過程を尊重する、相手に勝つより自分に負けない、礼儀・礼節など、相手を敬い自己の精神を涵養《かんよう》する事が、最も重要視されているのが武道である。

では、成人にとっての武道とは何か。それは、一般社会生活に活かす事である。つまり、極真の精神である「頭は低く、目は高く、口慎んで、心広く、孝を原点とし他を益する」を具現化する事である。

謙虚に、志や目標は高く、人の悪口や大言壮語は吐かず、大きく広い心を持って、親孝行をするような精神で、世のため人のためになる生き方をする事だ。

およそ一般社会では、相手が自分を本気でぶっ倒しに来るなんて事は、そうはない。でも、その非日常的な事を経験し、歯を食いしばりながら耐え、子どもと同じように「我慢する心・あきらめない心」を持ち続け、やれば出来るんだという事を学べば、自分に自信が付き、謙虚になれる。修行を通して常に自分が向上心を持っていれば、他人を僻んだり妬んだりせず、自慢もしない。そして、それらの様々な経験で掴んだ強く大きな心で、親孝行をするような心を原点として、自分が自分がと我を張らず、いつも自分を二番目に置き、世のため人のために動けば、仕事や社会生活の色々な事に活きる。その姿勢はおのずと、部下、同僚、上司、女房、旦那、子どもにも伝わり、まさに「率先垂範」、男性は元気良く格好良く健康になり、女性は美容と健康にも良いが、何よりつつましく明るく美しくなる。

特に、日頃から仕事で疲れているお父さんが、汗まみれになり、あざをつくり、あっちこっちに湿布を貼りながら、それでも稽古が終わり、美味しいビールを飲みながら武道談義に花を咲かす、そんな日々を送っていれば、会社での嫌なことも、夫婦喧嘩もなんのその、明日への活力がみなぎること請け合いである。

どうしても「武道」と言うと堅苦しく難しく考えがちだが、そんな事はない。武道や道場など「道」が付くものには、すぐ精神論を唱えたがる人が居るが、そんなに大した事ではない。何かを掴むために、自分が一生懸命歩いて行こうと思ったら、そこは「道」である。

現代社会において、「武道」や「道場」という言葉の持つ意味は大きい。

「道場」とは、お釈迦さまが、菩提樹の下に座って一週間後、暁の空に明星を見てにわかに悟りを開かれたという場所だそうだ。要するに、大げさに道場として看板を掲げなくても、本人が真剣に精神を修行しようとする場が即、道場である。そこは自分の部屋でも、道端でもよい。

要は、「武」の「道」を活かすも殺すも自分次第。武の定義は色々あると思うが、何処を目指し、何に活かすか、それを真摯に捉えられない人が、安易に「道」を語るからややこしくなる。

しかし、これらの言葉を前面に出せば、日本古来よりの伝統文化として、何となく礼儀や精神論を大事にしているような印象がある。だが、残念ながら、武道、武道と声高らかに言っている人に限って、大した事のない場合が、私達のフルコンタクト空手業界には多い。

スポーツじゃありませんと言いながら、子ども達に道場内を走らせ、基本、移動、型はそこそこに、メインはミットを蹴らせて、最後は組手で終了では、スポーツ以外の何ものでもない。うちは叱って殴って正座させているから武道ですとは、あまりに武道を冒涜しているとしか言いようがない。

理念も信念も情熱もなく、他人を蹴落とす事に躍起になったり、社会生活もまともに送れなかったりする輩が、空手で生計を立てる事だけを考えているような場所は、断じて「道場」とは言わない。

一つの山に登る時、淡々と頂上を目指して登れる人も居る。でも殆どの人は、途中で悩み苦しみ、何度もあきらめようとする。それでも、違う道を模索したり、時には立ち止まったり、誰かに助けを求めたりしながら、何とか登ろうとする。

登り方はどうあれ、あきらめないで登り続ければ、いつかは頂上から素晴らしい景色が見られる。あきらめて引き返した人は、きっと後悔するだろうし、その反省を糧に、いつかまた挑戦するかもしれない。しかし、最初から無理だとあきらめて登ろうとしない人は、感動も反省もなく、成長もない。そして永遠に、頂上からの景色を見る事が出来ない。

子どもだけでなく、大人の男性も女性も、空手を通して、弱い自分と向き合う生き方を模索してみてはどうだろうか。

弱い自分と向き合う生き方

武道に関心を持って頂き、その凛とした世界へ足を踏み入れ、そこでの経験をその後の人生に活かせる事が出来たなら、それは親が子に与える「一生の財産」と成り得るものである。

入門時には、とにかく精神面や身体面で今より少しでも強く、礼儀正しく、人にも優しく出来る子に育って欲しいという親の期待が大きい。

これは、誰かと比べてという意味ではなく、我が子が「今の自分より少しでも成長して欲しい」という、親としては当然の願いである。

しかし、先にも触れたが、親の期待は勝ち負けだけに留まらず、やがて我が子の絶対的な基準での成長よりも、他人と比べて相対的な基準での成長を望むようになる。

「あの子が出来るのに、何であなたは出来ないの？　あの子よりウチの子の方が出来ているのに……」となってしまう。

顕著な例が、昇級審査会だ。門馬道場では年に三回の昇級審査会があるが、受審するまでに必要な稽古時間数や、合宿や大会参加の有無、各行事への参加状況などを総合的に判断して、所属道場の指導員の推薦に加え、本人の意思で受審資格が与えられる。

もちろん、これら受審資格にはある程度数字で示せる基準はあるが、最も大事なのは「一ヵ月前の自分、半年前の自分、一年前の自分より、どれだけ努力してきたか、どれだけ成長したか」という、その子だけの絶対的な評価から指導員が決定する。

例えば、腕立て伏せを一〇〇回出来る子が、常に九〇回くらいで限界を作り、もう少し、あと少し頑張ろうとしなかったら、その子は前の自分を超えようと努力しているとは認め難いので、受審させない場合もある。

だが、一〇回しか出来ない子でも、一一回、一二回……と、一回でも多くやろうと常に努力していたなら、その子は相対的には劣っていても、前の自分を超えようと努力している訳で、そこは絶対的な評価として認めてあげ、九〇回出来る子よりも先に受審を許可する場合もある。

ところが、これが様々な誤解を生む。

「何であの子が審査受けられるの？　何でウチの子は駄目であの子は良いの？」というトラブルがたまに起こる。

これは、昇級審査で帯が上がる事がやり甲斐につながるように、その道場の指導者が、常に目的や目標を持って道場稽古に取り組ませていない事や、そもそも昇級審査の理念を理解していない、または説明する機会がつくれないなど、道場側にも問題がある場合が多い。

敢えてここで記しておくが、昇級審査会自体は当然、技術的にも、より高いレベルを求める。だが、昇級審査で決定する色帯の順番は、決して強い順や上手い順ではない。その子自身が努力した量に応じた絶対的な評価であり、その子自身の頑張った証である。なので、他人がその子の帯に対して、とやかく言う筋合いのものではない。

そもそも、帯の上級の者が必ずしも下の帯より強いとは限らない。強さや上手さで帯の順列が判断出来るなら、何も昇級審査などやらなくてもよい。

入門して一年の小さくても頑張っている子が七級で、入門したばかりだが身体も大きく力のある子が、もし組手でその小さい子に勝ったからと六級になったら、最早武道は成り立たない。

帯の基準は、絶対的基準の意志の強さ＝心の強さである。入門時は、何色にも染まりやすく全てを受け入れる白帯。次にオレンジ帯・水色帯・黄色帯・緑帯・茶帯から、やっと金線一本の黒帯と、段々帯の色が濃くなっていく。つまり何色にも染まる白帯から、筋金が一本通った、何者にも染まらない黒帯に成長していくという意味である。心の強さは、長い時間をかけて会得するものである。決して一朝一夕に叶うものではない。毎日毎日コツコツと、薄紙を床に一枚一枚敷き重ねていく。その積み重ねが修行であり、その修行の量は、決して誰かと比べるものではない。

ただし、武道は「小よく大を制す」「柔よく剛を制す」。上級者（茶色帯の二級）になる頃には、その理念が叶うように、鍛錬に励むのである。なので、二級になるまでの約五～六年間は、「強い相手に勝つよりも、弱い自分に負けない」事を念頭に置き、弱い自分に向き合い、昨日より少しでも成長しようと努力する事が大切なのである。

そして、上級者になってもなお「弱い自分に打ち克つ」ために、日々鍛錬を欠かさず、絶対的な己の強さを追求し、やがて黒帯になる頃には、良きライバルや良き仲間と共に「切磋琢磨」しつつ、「何者にも染まらない筋金入りの黒帯」を目指すべく、己にも他人にも決して負けない相対的な強さも追求していく事こそが、極真空手の醍醐味でもある。

私達指導する側も、「まだ早いから」と、向上心のある子に対して昇級審査の受審を認めず、そのままの帯で数ヵ月間過ごさせるより、少しでも上の帯に上がらせて過ごさせた方が、明らかに「やる気」も「責任感」も向上するだろう。立場が人を成長させるのと同じように、空手道では帯が人を成長させる。

人を育てるには、教える側は教えられる側の考えを口に出さずとも認めてあげ、教えられる側は、教えてくれる人の考えを否定しない。もちろん、これはお互いの信頼関係があってこそであるから、人を育てる側というのは、日々鍛錬によって、心の強さを修得し、その心の余裕から生まれる優しさのある人でなければならない。まさに「守・破・離」（詳細は第十一章）であり、これが「武道教育の実践」でもある。

たかが昇級審査ではあるが、やがて来る受験戦争や就職戦争、恋愛のライバル競争から、社会に出ての出世争いにも相通ずる経験だろう。小さい頃から「武道教育」に触れ、大人も子どもも将来の社会生活に活かすために、他人とばかり比べないで、自分だけの絶対的基準で、常に「弱い自分と向き合う生き方」を考える事が、将来幸せに生きるために大切な事である。

第九章

道場の役割

挑戦を躊躇する人達へ

門馬道場は、空手道を通じた教育の普及発展のために、常に地域に密着した活動を心掛けている。その一環として、各市町村のお祭りなどで、空手の演武を頼まれれば、必ず子ども達と一緒に参加協力する事にしている。

その演武会に出ている子は、「今日は僕がやりたい！」と率先して手を挙げ、試し割りや型、組手などを、臆する事なく、みんなの前で堂々と行う。子どもにとって、この「挑戦」は素晴らしい経験になっていると思うが、せっかくチャンスがあるにもかかわらず、引っ込み思案の子、または消極的な親御さんは、演武会にほぼ参加しない。演武会に参加しない子どもは、夏季や冬季の合宿等、他の道場行事にも参加しない事が多い。

半面、積極的な子どもの親御さんは、演武会はもちろん様々な道場行事の度に足を運び、カメラで我が子を撮影し、成長を目の当たりにして、嬉しそうに子どもと話す姿をよく見かける。

演武会などに参加しない親御さんでも、空手道場に通わせているのだから、当然「よその子どもより強くなって欲しい」という願望はあるのだろうが、我が子に「頑張れ」と背中を押す事をなかなかしない。

勝ち負けだけにこだわる親も考えものだが、「挑戦」を最初から尻込みされては、私達指導する側も打つ手がない。子どもはその気にさせることも出来るが、親はなかなか難しい。

2019夏季合宿（2019年）

2019冬季合宿（2019年）

極真空手を続けていれば、「挑戦」する機会は数多くある。その一つが大会だ。しかし残念な事に、現実は門馬道場生の全員が大会に参加している訳ではない。ほんの二～三割の同じ人達が、何度も何度も大会に挑戦し、負けても負けても、それでもあきらめずに挑戦を続けている。残りの七～八割の人達は殆ど大会に挑戦する事なく、負ける悔しさも反省もないまま一年を過ごし、そのまま辞めていく人も少なくない。

人間は弱いもので、目的や目標が明確にないと、なかなか頑張る事が出来ない。特に、子ども達も中学年以上になると、挑戦する事に非常に消極的なので、出来れば親御さんが背中を押して、挑戦する勇気を与えてあげられたらよいなと思う。

そもそも、大人も子どもも、心身共に強くなりたいと言って入門してきたのだから、何事もあきらめないで挑戦し続ける事が大切な訳で、そこを避けていたのでは、いつまで経っても強くはなれない。

「うちの子は無理」とか言って、最初から子どもが挑戦する気持ちを潰さず、優勝目指して頑張れるように励まして欲しい。そうしたら、たとえ優勝出来なくても、努力する事の尊さに気付き、きっと子どもの顔が自信に満ちた笑顔に変わる筈である。

勝っても負けても、親はめげず、子どもはあきらめず、そして、努力する事に疑問を抱かず、時にはただひたすら歩き続ける事も大切である。

生きるという事は「挑戦」の連続であるし、本来、それを嫌と言う程経験している私達大人が、子ども達に「挑戦」する事がなぜ大切なのか、子どもの頃に初めの一歩を踏み出す勇気を、真剣に向き合って教えなければならない。

「挑戦」する事を躊躇し、よその子より「努力や苦労」をしない我が子が、よその子以上になる訳がない。

そこそこしか頑張らない人は、そこそこの人生で終わる。何事にも「挑戦」し、一生懸命に「努力」を継続する事だ。本気になって、夢や目標を追いかけ、その自分の志から決して退かず屈しない。人生が退屈だとすれば、それは本気にならないからである。

どんなに苦しい時も、笑って頑張れる強さ、あきらめないでやり通す強い心、それが道場で学ぶ最も大切な事である。

頑張る事をあきらめない

矢吹町にある本部道場では、毎週月曜日は少年部終了後、八時から中学生と女子部が中心のクラスがある。この日のクラスは全て私が指導するのだが、中学生になると少年部の頃と違い、一生懸命気合いを入れたり必死に頑張ったりする事が、恥ずかしくカッコ悪いと感じる子も居て、結構難しい年頃でもある。

加えて、部活動によっては毎日遅くまでみっちりしごかれて、道場に来る頃にはクタクタになって力も入らないし、空手に集中出来ない子が居るのも、ある程度は仕方ない。それでも辞めないで続ける事が大事であり、空手に来ている事はそれなりの意味がある筈だと思って、多少黙認してきた部分もあった。女子部、一般部も、仕事で疲れているだろうと、同じような事情で容認していた。

師範稽古の風景（2020年）

かなり前に、中学生や女子部の稽古をしていた時の話だ。基本から移動稽古をこなしていくが、やはりいつものように今いち気合が足りない。とにかく「押忍」の返事も小さい。

「ほら、返事。気合入れて」と何度も促すが、なかなか気持ちが前に出て来ている感じがない。いつものように、「仕事や部活で疲れているんだろうな」と、私自身、心のどこかであきらめていたのかもしれない。

稽古だけは淡々と進み、半ばを過ぎ、ミット稽古に入った頃、中学一年のタカトが遅れて入ってきた。この子は陸上部で、長距離が得意な事から、駅伝の選抜選手にも選ばれていた。部活終了後、駅伝の練習をしてから空手の稽古に来る頑張り屋である。ミット打ちの相手は私がしたが、グローブを付けると、タカトは精一杯気合を入れて、精一杯必死で突いてきた。だが、他の生徒は明らかに力をセーブしており、気合も入っていない。必死で動いているタカトの頑張りを見て、私の中で何かが弾けた。

「やっぱり違う。どんな理由があれ、頑張らない事を容認しちゃダメなんだ。そんなの門馬道場じゃない」。そう思った瞬間、持っていたストップウォッチを床に叩きつけたい衝動に駆られた。みんなが必死にやっていないことより、頑張らなくても仕方がないと思っていた自分に、腹が立ったからである。稽古を中断して、みんなを集めた。

「全力でやらないで八割の力で稽古をする。でも、本番は全力を出しますっていうのは無理なんだ。その八割の力がお前達の全力になってしまうんだよ。頑張る事がイヤな人はこのクラスに来るな。今日は自分達で勝手にしろ」と一喝し、稽古時間を二〇分ほど残して、私は指導を放棄した。長い期間空手を教えているが、指導を途中で辞めたのは、この時が初めてだった。

見学室では、我が子が叱られている風景を目の当たりにした保護者の方々が泣いていた。

気まずいまま、その日の稽古は終了し、自宅に戻り色々考えた。
私も道場に行きたくない、稽古をしたくない、そう思った事は何十回、何百回とある。しかし、一旦道場に行けば、必死で頑張った。必死で頑張らなければ、極真の稽古には付いていけなかった。だからこそ、今があると思う。仕事でも必死で頑張る事が当たり前だし、頑張れる限界点は普通の人より高いと思う。だから、空手を辞めないで続けてきてよかったと、痛切に感じる。私は門馬道場で、それをみんなに伝えたかった筈だ。情けなくなった。一体今まで何て甘い事を考えていたんだろうと。生きてる中で、常に一〇〇%の力を出し続けたら壊れてしまうけど、稽古の時だけは出し切る事が大切なんだ。

次の日、泣いていた保護者の方々に電話したら、一様に「ありがとうございました。もう来るなって言われたから、行かないなんて言うかなと思ったら、師範に怒られたのはショックだけど、師範が全力で教えているのに、私たちは手を抜いていたって反省しています。真剣に頑張るって言っていますので、今後ともよろしくお願いします」と言われた。気持ちは通じていたんだと知って、とても嬉しかった。

この時、私が叱った道場生の一人に、ユノという引っ込み思案の女子中学生が居た。
ある日、ユノが「少年の主張」で中学校代表に選ばれたという話を聞いて、私はその発表会を聞きに行った。ユノは一〇人中九番目。一人五分程度だが、さすがにみんな話し方も内容も素晴らしい。「ユノは大丈夫かな」と、少し不安に思いながら、出番を待った。

いよいよユノの番だ。ドキドキして固唾を飲んでいると、「表題は『あきらめない心』です」のアナウンスがあった。「えっ、あきらめない心だって！」。原稿を広げ、お辞儀をしたユノが、突然「黙想」と言って発表は始まった。

何の取り柄もない自分が、なぜ空手を今まで続けて来られたのか、その答えをユノなりに探し、「あきらめない心」がなぜ大切なのかをまとめて、堂々と話す言葉に聞き入った。五分はあっという間に過ぎた。私は周りの人に涙を見られないように必死で、しばらく動けなかった。

ユノは稽古中、気合が小さいといつも私に叱られていた。だが、私の稽古放棄事件後も、殆ど休まずに、合宿や大会も常に参加していた。

頑張っているとは思ったが、正直言うと、「ユノは空手が楽しいのかな？　辞めたいんじゃないかな」と、猜疑的な目で見ていた気がする。だが、ユノの発表の最後の言葉は、「これからもずっと空手を続けて行きたい」だった。すごく嬉しかった。発表を終えたユノが、私のところに挨拶に来てくれた。「緊張しただろう」と聞くと、「全然してません」と、笑顔が返ってきた。そこには、引っ込み思案のユノは居なかった。「成長したんだな」、しみじみそう思った。

発表会後、私は新幹線で仕事先が待つ東京に向かった。途中、ユノのお母さんから連絡が入った。審査結果は「優秀賞」だったと言う。だが、私にとってはもちろん「最優秀賞」だ。それも断トツ、お前が一番だよ。

門馬道場の「卒業式」

昔、空手をやっていたお父さんが、「六年生の息子と卒業記念に組手をしてみたい」という軽い気持ちの一言から、一三年ほど前から「親子組手」という企画が始まった。小中高の卒業生が、お父さんやお母さんと空手の組手を行い、親子対決を行うのである。

準備運動から基本稽古、そしてミットを蹴り、軽く汗を流したお父さんやお母さん達が、一組ずつ対決する。我が子の成長を確かめるように、あえて突きや蹴りを身体で受けるお父さんが居る。「もっと、強くなれ！」との思いで、遠慮せず体当たりして、我が子を吹っ飛ばすお父さんやお母さんも居る。まるで試合のように互角に戦うお父さんや、逃げ回るお母さんを遠慮気味に追い回す子どもも居る。

それぞれが、親子の絆を確かめ合うように向かい合う。今の時代、親が子どもに遠慮して、言いたい事も言えない家庭が多いと聞くと、何と幸せな光景だと思う。

私は、父親とはあまり話さなかった。父は農業をやってい

親子組手（2018年）

たが、午前中は会社勤めをしており、朝の五時頃から出掛けてしまった。一緒に食卓を囲むのは、夕飯の時だけだった。父は無口だったので、夕飯の席で話すのは、もっぱら母だった。そんな父だったが、怒ると家族が震え上がるくらいに怖かった。父も今は年を取って穏やかになったが、それはそれで照れ臭くて話しづらい。

しかし、私の進学や就職、そして独立開業する時に、親身になって話を聞いてくれたのは父だった。常に威厳のあった父の背中で学んだように、私も三人の息子達にはかろうじて威厳を保っている。

息子達が小さい頃は、毎日仕事に追われ、自宅に帰ると夜中の二時、三時。週末の休みもないから、子どもと遊ぶ時間は殆どなかっ

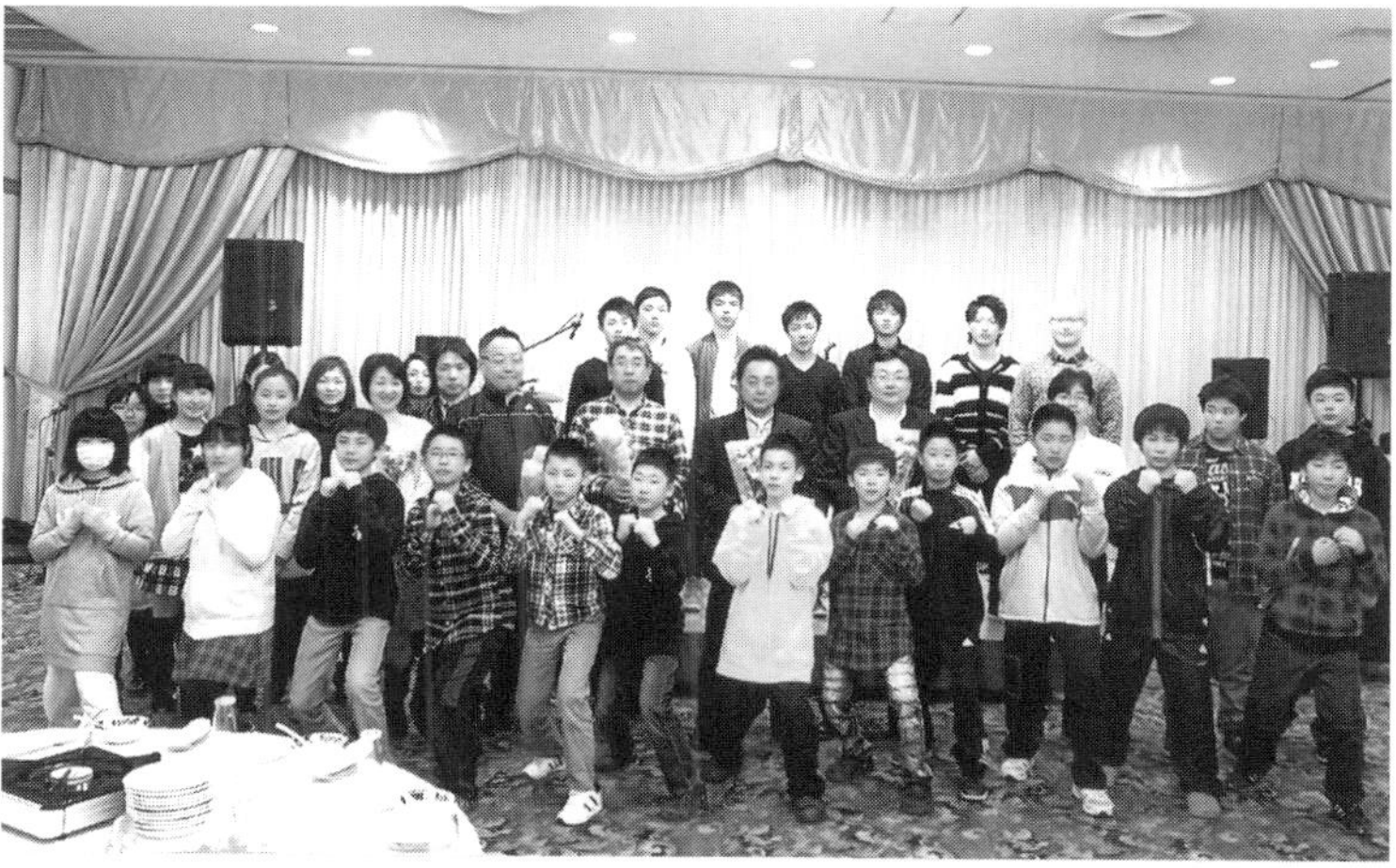

卒業ライブ（2015年）

た。結局、子どもとコミュニケーションが上手く取れないのは、私も父と同じだった。だから、道場での親子交流などを見ると、うらやましく、涙腺も緩みっぱなしである。

そんな私的な感情もあって、卒業の記念になればと、親子組手終了後の懇親会で、バンド生演奏で歌をプレゼントする事を決めた。

会社を独立してからバンドを結成したものの、空手への復帰で休止していた伝説のバンド？「ＭＯＮＭＡ－ＢＡＮＤ」の復活だ。

卒業ライブは通常三月末に行われるので、練習は年が明けてから本番までの約三ヵ月間に六〜七回程行う。だが、みんな忙しくて肝心のメンバー全員が揃う時間を調整するのが大変だ。一応、私の稽古が終わった後の、午後一〇時過ぎから深夜〇時過ぎまで、無理を言って付き合ってもらっている。

毎回一〇〇名を超す卒業生と保護者が参加する卒業ライブも回を重ね、すでに一〇回以上が過ぎた。手前味噌だが、涙あり笑いありの卒業ライブで、新たなステージへ羽ばたいていく人達への励ましのメッセージソングは、良い思い出になる事は間違いないと自負している。毎回アンコールを含め七〜八曲くらい歌うが、みんなとてもノリが良く、盛り上がって聞いてくれる。

この親子組手と、卒業ライブ、そしてその後の懇親会は、門馬道場

MONMA-BANDの卒業ライブ（2019年）

ならではの心の込もった「卒業式」である。この「卒業式」を最後に、空手から離れていく者、進学しても続ける者に分かれていく。学校の卒業式では泣かなかったが、道場の卒業式では泣いてしまったという子が毎年いる。

門馬道場に大事な子どもを預けてくれている多くの親御さん達は、我が子が厳しい稽古に耐え、時に先生に叱られ、時に友だちと喧嘩して泣き、審査会や試合で痛い思いをして、それでも結果を残せずまた泣くといった姿を、常に正面から見つめ続けている。

だからと言って、決して過保護ではなく、一切子どもに対して甘い部分は見せない。私達も、色々と試行錯誤をしながら指導に当たっているが、親御さんから見ればじれったい部分もあるに違いない。それを一切口に出さず、全幅の信頼の下で協力してもらっているのだから、感謝に堪えない。

このように、「親子の絆・仲間との絆」に気付き、お互いの信頼関係を構築していくことも、「武道教育」の一環であり、道場の役割である。

道場での人間教育

私は、小学校のPTA役員を三年間やり、高校の評議委員も何年か経験した。行政から委嘱を受け、色々な委員会にも顔を出すし、「保護司」や「薬物乱用防止指導員」も委嘱されている。

それらの職務は、私が空手を通して福島県の各地域の子ども達と直接触れ合い、色々な問題に直面した経験を活かした意見、施策を発案出来るからだと自負している。

多くの会議は、時には激論もするが、時間終了一〇分前に、決まって「一般的、慣例的」な話でまとまり、「次回の会議は来月開催します」で終わる。

それで大方の人は、話し合いをした満足感だけで、三々五々帰路に就く。問題があるから話し合いをしているのに、毎回話し合いで終始し、なかなか実行するには至らない。

もちろん、方法論をどれだけ議論したところで、何も変わる訳はない。すでにそれらは語り尽くされており、後は誰が実行するかだけの事である。イジメの現実があって、その子を助けなければならないのなら、直接その子や周囲の方々と話し合い、行動を起こさなければならない。

私は、イジメる側の子や、イジメられた子と何人も接してきたが、その子達を助けてあげる時に大切にしているのは、その子の学校や家庭での現状を把握する事だ。これは、その子が私に心を開いてくれなければ聞き出せない。そして最も大事なのは、その子と真剣に向き合い、最後まで守ってあげる覚悟を固める事だ。「人生意気に感ず」。常に前向きでひたむきな気概があれば、心と心は通じ合い、その触れ合いが行動につながる。

しかし今は、子ども達に目を向けてあげたくても、学校生活に親はなかなか入り込めない。子どもとの関わり合いは授業参観や運動会など、機会も限られている。

そこへいくと、道場には普段の稽古や審査会、演武会や大会など、子ども達を見守り関わっていく機会が沢山ある。空手着を纏《まと》い頑張っている姿は、普段、家で我がままを言っている、いつもの我が子とは違う筈だ。子どもは、頑張っている姿を親や友達に見ていて欲しいものである。

道場は、学校教育、家庭教育では補えきれないものを教える武道教育の場だが、義務教育でもないのに、暑くても寒くても、痛くても恐くても、辛くても苦しくても、休みなく継続しなければならない。あきらめたら、そこで終わりだ。自分に負けないように歩き続け、自らの努力で掴んだものを、生徒や後輩達へと惜しみなく伝え、時には多少強引にでも導く。当然、道場側にも責任が伴い、保護者に誤解を与え、トラブルに発展する事もある。だがこれは、導く側に強さと優しさの両方が兼ね備わっていなければ、なかなか出来ない事である。ところが、学校はどうだろう。親がモンスター化するすさまじい状況の中、学校や教師にのみ責任をなすりつける態度こそが、学校教育の体たらくを招いている要因なのではないかと思う。そもそも親が、他人に迷惑をかける事を平然と行い、それが悪いと気付いておらず、自分の事しか考えていないのだから、子どもの「しつけ」なんて到底出来る筈もない。何か辛い環境になると、その場から逃れる言い訳ばかりが上手になり、一時が万事で、寒いから、暑いから、辛いから、苦しいから、忙しいからと言って、その環境からいちいち逃げていたのでは、結局、何をやっても同じである。

私は仕事面も含めて様々な人達を見てきたが、ひとつの事から逃げようとする人は所詮、何をやっても中途半端だ。色々と言い訳をするけれども、結局、「気」がないだけの話だ。「本気」「やる気」「元気」「気合」など、「気」を持ち合わせていない大人は案外多い。

前述した中学校の「武道必修化」からもわかるように、「武道」を習うと、人間形成に効果的であると言われているが、それは、厳しい稽古を通した環境の中で、たとえどんな場面に遭遇してもそれを継続し、試練を与えられながら乗り越え、そしてまた違う試練を与えられ、それを乗り越えるからである。空手であればその試練が、日々の稽古であったり、審査会であったり、大会であったりする。

また、後輩に対する気遣い、先輩に対する気配り、期待されるプレッシャー、負けを味わった時の虚脱感など、全ての事をあきらめないで継続出来る人達が、人間的に向上して行くのは、火を見るより明らかだ。

そんな時、親ならばその辛い稽古や過程を常に見守り、仲間と一緒に歩き続ける手助けをしてあげる事が大切だと思う。それは、我が子のみではなく、その子を取り巻く全てを含めてである。

しかし、自分の気分次第で他人への態度が変わる、人に迷惑をかけなければよかろう、私は私だから……。そんな自己中心的な考えを持った大人が増えた現代、今の子ども達に「あきらめない心」を求めるのは、難しいのかもしれない。

武道とは「奉仕の心」と言っても、今の世の中お題目だけで終わってしまうだろう。でも、道場の子ども達が「奉仕の心」も「あきらめない心」もわからない訳ではない。イヤ、普段はむしろ大人より理解しているお手本のような子ども達である。

だが、話し合いや言葉での説得に終始する大人、頑張り過ぎない事が生きる道だと説く大人、子どもと向き合わない、屁理屈を付けて実行に移さない……。失敗をすれば怒る、負ければ罵る、出来なければ悲しむ……。子どもの心に平気で傷をつけているのに、優しい子どもに育って欲しい、強い子に育って欲しいと願う。でも、そんなことは無理だ。子どもだけに親の夢や期待を一身に背負わせて、可哀想だ。

「僕（私）じゃ無理だ…」と、自信をなくしてあきらめてしまう子より、何度失敗しても必ず立ち上がり、人を想いやる心を育む。そんな生き方を教える事が、私達大人の役割である。

そのためにも、私達は常に問題意識を持って、「道場での人間教育」に取り組まなければならない。道場の人間教育とは、子ども達には継続する事の大切さを教え、「強いからこそ優しくなれる」という事を理解させる。また、親御さん達には、めげないで、子どもとしっかりと向き合う事の大切さに気付いて頂く。その関係性の構築こそが、子どもの武道精神を培って、将来日本で、そして世界で活躍してくれる有能な若者を育成するための人間教育であり、これこそが、道場の役割である。

試練への免疫

人生も仕事も、程々「丁度良い塩梅」が理想だと言う人が多いと思うが、人生なかなかそうもいかない。空手の稽古で言えば、普段から「丁度良い塩梅」に稽古している人は長続きしない。人は我がままなもので、平坦な道では退屈で面白みがない。緩やかな上り坂でも、いつかマンネリで飽きてしまう。道場生全員に、「武道の修行は断崖をよじ登るが如し。よって休む事なく精進せよ」の覚悟までは求めないが、最低でも「山あり谷あり」くらいの試練は必要ではないだろうか。

簡単に乗り越えられる壁は、試練ではない。困難であればある程、その試練を乗り越える度に、自分の成長が実感出来るし、乗り越えようとする度に、人生が充実していく。

人生、山があって谷があるから、景色が変わって希望も生まれる。あきらめなければ何とかなるものだと実感出来る。

人それぞれ、目的・目標や夢は様々だろうが、どんな事にでも必ず試練は付きものである。仮に乗り越えられそうもない試練でも、その試練を乗り越える努力はするべきである。

「生きる」という事自体が試練であり、日常生活での試練は生活にも関わってくる分、深刻であるから、もちろん人生において試練はなるべくない方がよい。

しかし、「生きる」上で必ず直面するであろう、様々な試練を乗り越える「強い心と身体」が欲しくて道場に入門したのなら、日常生活ではなかなか体験出来ない試練を自ら進んで積み重ね、「試練への免疫」を作るべきである。道場稽古や大会での試練は、その時その場で終わるし、知れたものである。それでも、その繰り返しが修行である。その繰り返しがなければ、所詮「強い心と身体」は手に入らない。

「試練への免疫」……それが「根性」であり、「あきらめない心」である。それらを求めるのが、道場へ入門する目的であると思う。そして、それらを身をもって示す事も、道場の役割である。

我が子の頑張る姿を見て欲しい

門馬道場は、福島県内に約三〇ヵ所あるが、そのうち常設道場は八ヵ所ある。そして、その八ヵ所の道場には、全て見学室が仕切られて付いている。

おそらく門馬道場以外で、見学室が仕切られて備えられている道場は、そうはないと思う。これは私のこだわりである。見学スペースを設けなければ、もっと広い稽古場が確保出来る。それでもあえて見学スペースを設けた理由は、三つほどある。

一つ目は、子どもは親が見ていれば「頑張る」。単純にそれだけだ。

子どもは、自分が「頑張っている姿」を親に見ていて欲しいものである。これは、実は大人も同じである。

親が居ると気が散って稽古にならないという人も居るが、私はそうは思わない。親の方ばかり見て気が散るのは最初だけで、慣れてくれれば精神的に自立をして、稽古に真剣に取り組むようになり、親を見ている余裕などなくなる。他人から認められたくて頑張るのは、人が最も抱きやすい欲求である。これは、自分に自信を付けなかったり、何かで自信を失ったりすると、そういう欲求が増すが、逆を言えば、自分に自信を付けさせるためにも、親が「頑張っている姿」を見て、それを認めてあげる事が大切である。親が子どもを認めてあげれば、子どもは次の段階で、自分の存在価値を自分で認め、自分自身を高める事が出来る。私はそういう子どもが、全日本などの大きな舞台で活躍する姿を沢山見てきた。

子どもは、親が自分の姿を必ず見ていてくれるという安心感から、より「頑張れる」。加えて稽古後、頑張った様子などを帰り

門馬道場の見学室（現在）

の車中で親子で話し合ったり、帰宅後の食卓で話題にしたりする事で、ますます「頑張る」ようになる。このプロセスは、教育には欠かせない事だと思う。

二つ目は、なぜ空手を習うと礼儀正しくなったり、心と体が強くなっていくのか、親御さんにも目で見て理解して欲しいという事。

道場では「目標」の設定や、「挑戦」なくして成長など有り得ない事を教え、子ども達も少しずつ理解していく。

しかし、道場に居る時間は、家に居る時間と比べると、圧倒的に短い。家に居る時に、親の都合で道場の教えと矛盾する事を子どもに言ったりさせたりしていては、子どもは混乱するだけである。

武道教育は、現代の子どもの徳教育には欠かせないと思っている。だが、武道教育は、道場だけでは成り立たない。親御さんの理解があってこそだという事を、理解して欲しいのである。

頑張る子どもの頭を撫でる

三つ目は、親御さんが子どもより先に「めげない」で欲しいという事。

子ども達は「目標」を持ち、日々「努力」し、稽古の一環で「試合」に挑戦する。試合は勝負であるから、必ず勝敗がつく。当然、親は我が子に勝って欲しい。だが、思うような結果が出ない事が続くと、「うちの子は空手に向いてないんじゃないか」と、まず親がめげてしまう。時には悔しい感情を我が子に向けて、叱ったりする。そのうち、子どもより先に親があきらめて、道場を辞めさせてしまう。これでは、子どもは頑張れない。

我が子が真剣に稽古している姿を常に見ていれば、日々の「努力」や、本人が一番感じている「悔しさ」、勝ちたいという「願望」や、必死で戦っている我が子の「恐怖」とかを、共感出来るようになる。叱ったり、子どもに向いてないと言ったりする前に、「自分でやると決めたのだから辛いとか言わないで、最後まであきらめないで続けなさい」と、応援して欲しいのだ。

この三つの理由から、門馬道場では「子どもが高校を卒業するまで、ずっと稽古を見守っていて下さい」と、常にお願いしている。

もちろん、家庭によっては、仕事で見学する時間が取れない、下の子のご飯の用意があるなど、やむを得ない事情があるから強制はしない。可能な限りで結構である。見学室から我が子の「頑張り」を見守る事を通して、道場と一体感を持って、親御さんにも、子ども達の「武道教育」に関わっていって欲しいと願う。

第十章

社会に活きる空手

生きていく強さ

二月六日は私の誕生日であり、毎年子ども達が中心となって「ハッピーバースデートゥーユー…ディア師範」と、大合唱で祝ってくれる。

寄せ書きのお皿や、子ども達なりに私を評価したほぼ満点の〝通信簿〟など、可愛い手作りのプレゼントもある。もちろん、女子部、道場生のお母さん達もみんなで「おめでとう!」と祝ってくれる。指導している県内の各道場でも、同様に誕生日を祝ってくれるので、抱えきれない程の花束やプレゼント、メッセージカードを頂戴する。つくづくありがたいと思う。

忙しい日々、余裕のない毎日だからこそ、温かい人の心に触れる喜びは大きい。空手をやっていなければ、知り合っていなかった人達に祝って頂く事に、不思議な縁を感じる。同時に、空手をやっていて、本当に良かったと思う。

人との関わりは、「間合い」が難しい。武道では「間合いを制する者が戦いを制す」と言われるが、間合いとは、自分と相手との距離である。遠過ぎては悩み、近過ぎては悩む。特に人間関係で難し

58歳の誕生日プレゼント（2020年）

56歳の誕生日ケーキ（2018年）

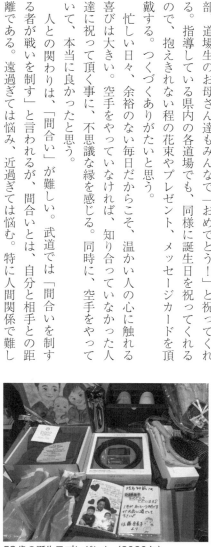

いのは、「心の間合い」のせいである。

空手道場での、人との関わりにおいての「間合い」は絶妙であるが、子ども達が相手の場合には、「間合い」の調整はほぼいらない。空手の指導者として真剣に向き合えば、子ども達は何の見返りも求めず、心からの笑みを返してくれる。

損得勘定や駆け引きもいらず、自然体で行けば、自然体で返ってくる。思いっきりぶつかれば、思いっきり返ってくる。こんな子ども達と、間合いを考えなくてもよい関係に触れると、私達大人は、何か大事なものを忘れてしまったのではないかとつくづく感じる。しかし、適当にやっていては、子ども達は心を開いてくれない。子どもは正直である。

社会生活の中で、私達大人は、仕方なく駆け引きせざるを得ない場面が多々ある。ところが最近は、「あれをしたらこれをあげる」とか、「それをしなかったらこれはダメ」などと、子どもにまで駆け引きをしている大人が多いように思う。

稽古後の誕生日のお祝い（2015年）

せめて私達指導する側の人間は、道場では駆け引きせずに、真っ直ぐ生きる強さを身に付けたいものだ。指導をしていると、子ども達を導く筈の私達大人が、そういう理想を忘れてしまったのかと感じる場面がある。空手を通して、まだまだ子ども達に教えられる事は多い。

私の携帯電話のメロディコールは、福山雅治さんの『道標《みちしるべ》』という曲だが、この曲が好きなのは、歌詞がいつも自分の気持ちにピッタリはまるからである。

人に出会い、人を信じ、人にやぶれて、
人を憎み、人を許し、また人を知る、
風にふかれ、泣いて、笑い、生きるこの道
あなたの笑顔、それが道しるべ

子ども達も、やがて様々な出会いを経験し、その出会いが多ければ多い程、信じて裏切られて、憎んで許して「生きる」という現実に悩む事だろう。
だから今は、彼らと真剣に向き合い、「生きていく強さ」を教えてあげたい。

指導者として大切な事

前述したように、自分の子どもを空手に入門させる最初の動機に、空手で強くなって欲しいとか、ケンカに負けないようになって欲しい、と考える人はほぼいない。それよりも、武道という凛とした世界に何かを期待し、自分の子どもが確たる何かを掴めばよい、という願望が強い。

何度も言うように、武道は、単に強さを手に入れる事ではない。実力と人間性を兼ね備えるために、自己鍛錬、自己研鑽するのが目的だ。

道場の指導者は、それを子ども達に気付かせてあげる事が必要である。それは、家庭や学校では補い切れないもの、武道教育だから習得出来るものだ。もちろん、空手だけを一生懸命やっても、人間が練られる訳ではない。社会に出て働き、頭を下げる事を覚え、様々な分野の方と出会い、会話を重ねる事も重要だ。

空手道場でも色々な出会いはあるが、そこには無意識のうちに上下関係が生まれる。先輩だから尊敬するという事は、常に後輩の前を歩き、先輩としての実力の維持はもちろんの事、周りに気配りが出来るからであり、そこを間違えると、本質から外れた関係となる危険性がある。そうならないために指導者は、一般社会で知り得た常識と、武道で体得した「謙譲の美徳」を、自分なりに消化して教える必要がある。

空手を指導する立場に携わる私達が、道場生にしてあげられる事は、誰よりも稽古量をこなし、誰よりも空手に対する情熱を注ぎ、更に自分自身を生涯練り上げる日々を継続する事だと考えている。

もう数年前になるが、清原伸彦日体大名誉教授（当時）による、日体大の「集団行動」のテレビ番組を見た事がある。その中で清原監督は、合宿時に「キツイけれども殺しはしない。ただし感動は約束する」と言っていた。凄いと思った。このスパルタ式には賛否両論あるだろうが、今の社会、こういう指導する側の気持ちや、一つの事を達成した選手の気持ちを理解する事も必要だ。

一つの事を掘り下げようともせず、あっちにもこっちにも穴を掘り、結局、何をやっても中途半端な人が多い昨今である。

少なくとも武道教育を謳うなら、私達門馬道場は、まず指導者が明確な目的・目標を持ち、達成するために困難を乗り越えて行く「信念」を示し、率先垂範で生徒を引っ張って行けるような道場にしたい。道場生は、指導者の「信念」に付いてくるのである。

子どもの心は、言葉だけでは動かない

ある青年会議所の記念講演会で、ある教育評論家のお話を聞く機会があった。現場至上主義のその先生のお話は、テレビを通じて何度か聞いた事がある。その講演会も、我が意を得たりと思う内容であった。

「イジメについて、問題提起しているお父さん、お母さんがよく言います。『学校は、先生は、教育委員会は、県は、国は、何をしてるんだ!』と。じゃぁ、聞きます。両親であるあなたは、何をしたんですか?」

私は、道場で何らかのSOSを発している子どもの話を聞く機会が多い。その度にいつも思うのは、子どもが助けを求めているのは、学校でも、教育委員会でも、県でも、国でもなく、お父さんやお母さんだ、という事だ。

今、子どもの事で悩んでいる親御さん達は、どうか真剣に子どもと向き合って欲しい。

真剣とは、触らば切れる研ぎ澄まされた刀で、一刀両断されそうな、そんな状況下での切羽詰まった心持ちだ。その先生の素晴らしさは、言うだけなく、実際に取り組み、私財を投げ打って実践している事だ。私には真似出来ない。

願わくば、その先生の話を聞いて、上辺だけわかったような顔をして、経験も実践もないのにさもわかったふりをして、言葉だけの能書きを垂れて、子ども達に説教などしない事だ。

子どもの心は、言葉だけでは動かない。知識を得て理屈を語るだけなら、誰でも出来る。そもそも、言葉だけで教育しようなんて間違っている。他人の子の教育に関わるなら、最低でも、自ら範を示す「率先垂範」の覚悟は必要である。

一方、長年道場で様々な人達と関わってきて、率先垂範が最良ではなく、その上がある事にも気付いた。それは、人にやる気を起こさせる人が最上だという事だ。

率先垂範で引っ張って行こうとしても、途中、疲れてついて来られなくなり、あきらめる人も居る。そんな土壇場の状況に居る人にも、「もう一踏ん張り頑張るぞっ」という、やる気を起こさせるような生き方を、指導する側の人間が示す事が大切である。

逃げる選択、逃げない覚悟

大体人生は、一つ上手くいけば相乗効果でほかも上手くいくもので、なぜか連環している。道場では信用がないが、会社では信用があるとか、会社では信用がないが、道場では信用があるなんて事はあり得ない。

どんな選択をしても、要は生き方の問題である。どの生き方が良い悪いではない。選択するのは、本人の自由である。

しかし、他人への文句や愚痴をこぼす人は、結局、どんな選択をしても一緒で、「私が不幸なのはこれがあるから」とか、「私が不幸なのは誰かのせい」という、考えになるのだろう。

少なくとも、私達空手の指導者は、子ども達や門下生には、目的・目標を持って頑張れるよう導いてあげなければならない。そのためにも、自分自身が目的・目標を持って、日々精進しなければならないと思う。

何かを多少犠牲にしながらも、夢中になれるお陰で、充実して明るく強く生きて行けるのだろうし、それだけ人生を賭して追い求めるからこそ、人はその生き方に魅了され、結果として世の中から必要とされ、信用・信頼のある人になれるのではないか。

私は仕事と空手を両立しているが、これはこれで大変な事も多い。だが、これが自分の生き方であり、自分が選んだ道。後悔しても失敗しても、誰のせいでもない。

仕事で壁にぶち当たった時は空手に救われ、空手があるから踏ん張れる。空手で壁にぶち当たった時は仕事に救われ、仕事があるから希望がある。

そして、人生で壁にぶち当たった時は、自分の生き方を振り返ってみて救われる。この生き方はきっと間違っていないと、日々反省しながらも「おおむね良好」と思っている。

もし自分を否定したら、自分を信頼して付いて来てくれるみんなを否定する事になり、不安にさせる。だから私は、常に自信を持って前を向いて進み、泣き事は言わないように生きて行きたい。

逃げる選択がある人は、苦しい時に「空手は重荷」になる。絶対に逃げない覚悟がある人は、苦しい時に「空手が心の支え」になる。

道場とは、豊かな人間性を育む場所

現在のフルコンタクト空手界は、勝つ事だけにこだわる人が多過ぎる。小学生でも、例外ではない。厳しい稽古をして、勝利を得るのは素晴らしいが、ただ勝敗だけである。そして、やがて中学生になり、サッカーや野球などの部活に傾倒していく。高校受験の頃には、もはや道場には来なくなり、挨拶もなく去っていく。そのうちに、空手をやっていた意味も曖昧になり、二度と道場に戻って来なくなる。多分、どこの道場でも直面している問題であると思う。それでも多くのフルコンの先生方は、「小学生の時の空手の経験は、大人になって社会に出た時、たくましく生きて行く事に役立つ」と言う。

しかし、一時期、厳しい稽古をしたからといって、それが生きる事にそのまま役立つ程、人生は甘くない。厳しい練習で心が強くなり、生きる力が備わるなら、テニスでも、ボクシングでも、どんなスポーツでもよい事になる。

武道である空手道は、生涯修行者として、奉仕の心を持って豊かな人間性を育む道である。強さの果てに、相手を労《いたわ》る「優しさ」を、様々な修行の過程で身に付けなくてはならない。一時だけの重い負荷に耐え抜くより、軽い負荷でも長期間、常にあきらめない忍耐力が必要だ。だからこそ、社会で通用する人間になれるのである。

頑張ってチャンピオンになる努力は尊いし、結果を残すのは大変な事である。その努力を無駄にせず、将来「あの道場で学んだ事が、生き抜く力になっている」と言ってもらえるように、我々、指導する者は、「継続」する事の大切さを、身をもって示していかなければならない。

先日、道場職員の山名（岩崎）菜穂子に、「道場を始めて、師範が一番大変だったのはいつ頃ですか？」と聞かれた。

すかさず「今だよ」と答えた。それは、かけがえのない大切な仲間が沢山付いて来てくれている今が、一番責任を感じているからだ。もちろん、今までにも辛い時期や悲しい時期、悔しい時や苦しい時があったけれど、自分さえ頑張ればと思って乗り越えてきた。

本業である設計の世界でも多少はあるが、特に空手の世界は妬《ねた》みや嫉《そね》みがとても多く、自分が成長する努力より、他人を蹴落とす事に躍起になっている人が多い。空手界では、そんな嫌な人間関係ばかりを見てきた。道場とは「権力に媚びず、暴力に屈せず、お金の奴隷にならない、豊かな人間性を育む場所」である。屈折した悲しい人間にならないように、生徒や仲間と共に私自身も成長し、本当に社会に通用する、人間育成のための道場を、目指していかなくてはならないと思う。

世界チャンピオン・全日本三連覇の山名菜穂子（2010年）

日本一の県大会を目指すための絆

年に一度の門馬道場の最大行事である「全福島空手道選手権大会」は、波乱含みが多い。毎回、色々なトラブルが重なって、時に自暴自棄になりそうだった私を常に支えてくれたのは、門馬道場の職員をはじめとし、道場生や保護者の方々である。

全福島の大会パンフレット（2019年）

福島県空手道選手権大会（2019年）

私は過去に、何度か大会に出場しているが、地方大会は現在のように、舞台を組んで高台でやるなんて事はなかった。

だが、私の周りには多くの後援者や理解者が居り、その方達に素晴らしい会場で空手を見て欲しいという想いと、頑張った選手達に晴れの舞台で戦わせてあげたいという想いもあり、全福島大会は、第一回からずっと舞台を組んでいる。

紆余曲折を経て、今でこそ舞台も、色々な工法を模索したお陰で簡易化出来ている。だが、当初は業者を頼んで養生シートを敷き、足場を組みながらの舞台設営だったので、会場の準備は修羅場状態だった。

「そこまでして舞台を設置しなくてもよいのでは」と言う声もあったが、「日本一の県大会にしよう」という、スタッフの熱い気持ちに後押しされた。大会前には、舞台作成の経費を捻出するために、私もスタッフも毎日仕事もそっちのけで、二〇〇件以上の企業を訪ねて協賛金を集めて歩いた。

通常、大会前日は、恒例の招待審判や来賓を招いたウェルカムパーティーがホテルで夜七時から行われることから、主催者である私は会場設営をスタッフに任せ、六時には会場を後にする。

ある大会前日の事だった。その年も舞台設営の業者の方々は、午後三時頃から舞台の設営に取り組んでいた。いつもなら夜の八時過ぎには舞台設置も含め、会場設営が全て終了し、九時には全スタッフが解散となる。

ところが、この年は八時までに舞台設置が完了する見込みが全くないような進捗《しんちょく》状況だった。私は心配でギリギリまで会場に居たが、ウェルカムパーティーの事もあり、後はスタッフと業者に委ねて、来賓を一時間以上待たせて夕食会場に到着した。

ようやく「乾杯」したが、会場の事が気になり、接待どころではない。仕方なくパーティー会場を中座して、再び大会会場に戻った。もう夜の一〇時を過ぎているというのに、完成の目途が立っていない。現場に居る保護者や道場生も途方に暮れていた。アリーナの閉館時間はとっくに過ぎてしまい、「深夜まで頑張っても完成しない」と私は判断して、作業を次の日の早朝に持ち越す事にした。

私は、業者の責任者を罵倒したかったが、黙々と頑張っていた若い職人さんも居たので、「俺達には何も出来ない。あなた方が居て初めて大会が出来る。何とか明朝よろしく頼むよ」と言って、その日は解散した。心中は、「明日の大会は無事開催出来るのだろうか？」と不安で一杯だった。

大会当日、早朝から舞台設営が開始された。私は招待審判を迎えにホテルへ行ったが、会場が心配で確認の電話を何度も入れた。舞台は、開場三〇分前にようやく完成した。その後は、開会式、試合も予定どおりの進行で、無事大会は終了した。

ところが、舞台の撤去でまたトラブルが生じた。撤去作業が、閉館時間の夜九時までに間に合わないという。みんな疲れており、試合でケガをして足を引きずりながら、足場運びを手伝っている選手も居る。「いい加減にしろ！」と業者に怒鳴りつけたかったが、またしても昨日の若い職人さんが、黙々と頑張っているので、何も言えなくなった。

この日は、ホテルで招待審判の打ち上げパーティーがあるのだが、心配で会場から離れられない。スタッフが、「後は私たちが何とかしますから行って下さい」と言ってくれた言葉に甘えて、アリーナを後にした。

パーティー会場に着くと、みんな乾杯をしないで待っていてくれた。約二時間遅れの乾杯の後、ご存命だった小野寺師範が、「こんなに大変な思いをしてまで、舞台を作らなくてもいいんじゃないか。福島の大会は十分立派な大会なんだから」と労ってくれた。

オーストラリアから来ていたキャメロン師範も、「わざわざ来た甲斐がありました。素晴らしい大会です」と誉めてくれた。つい嬉しくなって、会場設営が大変だった事や、大会の成功のために指導員、道場生、保護者がいかに協力的だったのかを自慢した。

オーストラリアでキャメロン師範と(2019年)

九時半頃、ようやく撤去作業が終了したらしく、スタッフのみんながパーティー会場に合流し、長かった二日間がやっと終わった。

何度も挫けそうになった弱い自分を助けてくれた周りのスタッフ一人一人に、感謝の気持ちで一杯だった。

後日、スタッフのみんなが、この時のトラブルを面白おかしく楽しそうに話していた。その話を聞いていて、「ここまで苦労して大会をやる意義はあるのか?」と、一時悩んでいた自分が情けなくなった。

一つの目標に向かって、努力する。ギリギリ土壇場になっても、最後まであきらめない。自分がいつも道場生に言っている事じゃないか。「日本一の県大会」という目標に向かって、みんなで力を合わせて頑張っているんだ。俺があきらめてどうする？　絶対あきらめない。あきらめたらそこで終わりだ。

一昨年、門馬道場の県大会は、令和元年東日本台風（台風一九号）で、大会二週間前に会場のアリーナが水没して使えなくなった。スタッフ一同、代わりの会場探しに駆け回り、もう無理かと断念し掛けたギリギリ土壇場のタイミングで、天栄村体育館という小さな会場をお借りする事が出来、何とか無事開催出来た。

門馬道場では、職員、指導員、道場生、保護者と、全員が県大会開催に大きな意気込みで臨んでいる。それは、出場してくれる選手を想い、出て良かったと言われるような素晴らしい大会にしたいという心意気からである。昨年の会場は小さかったが、そこにはスタッフ一同の思いっきり大きい「想い」や「希望」が詰まっていた。

何故、門馬道場の県大会が日本一と言われるかは、ここに答えがある。

試合の規模・レベル、もちろんどれをとっても他大会と遜色はないが、一番誇れるのはスタッフ全員の、大会に参加する選手と招待審判の師範・先生方に対する「心遣い・心意気」が日本一なのである。

手前味噌になるが、門馬道場の全福島大会の講評を、大石範士が「空手日記」に以下のように書いておられた。許可を得たので、転記させて頂く。

「昨日も書いたが、福島大会はこの近年において出色の内容のあるものであった。それは、普段からの稽古に取り組む姿勢からくるものだと思った。特に少年部の礼儀・礼節の正しさには感銘を受けた。そして一般部はもとより、女子部の充実ぶりにも感心させられた。

今はともすれば組手中心、いわゆる大会稽古中心になり、組手は強いが型は今一つという道場が殆どであるが、門馬道場は組手も型も大変素晴らしい。言葉にすれば大変短いが、これを体現し、実践し、証明するのは、至難の事である。それを門馬道場は、ごく当たり前にやっているのである。これはひとえに、門馬師範の率先垂範の努力の賜物であると思う。私はたまらなく嬉しくなった。こういう道場が存在しているという事が」。

とてもありがたいお言葉である。道場稽古から成り立つ選手のレベルを褒めて頂いているが、これもひとえに選手が全ての力を出し切れるように、大会の細部に至るまで心遣いをしてくれている、スタッフあっての事である。

日本一の県大会は、日本一のスタッフが居て初めて成り立つ。

そしてそれは、まさに「武道教育」を通しての仲間の絆であり、「社会に活きる空手」の賜物である。

人は人によって活かされている

私は、「空手の試合は一見個人競技だが、道場稽古から知れば団体競技である」と言っている。先輩が後輩に一生懸命教える姿、その教えを真剣に聞く後輩の姿。そして、勝っても負けても共に喜び、共に悔しがる様子は、その言葉を具体的に現しているだろう。

個人競技は、頑張るか頑張らないかは自分次第だ。自分が頑張らないと結果は出ないし、誰のせいにも出来ない自己責任の世界。しかし、普段の稽古は、一人で頑張るには限界がある。そんな時、あきらめそうになっても、仲間が居れば頑張れる。先生や先輩、後輩のためにも力が発揮出来、「人は人によって活かされている」事が理解出来ると思う。だから、空手も個人競技でありながら、道場で「稽古」を通して強くなった人は、団体競技でもあると理解しているだろう。

でも最近は、団体競技である筈の道場に、協調性を持たない人が増えてきた。先輩は先輩なりの、仲間は仲間なりの責任がある。それは「義務」ではなく、「義理」である。人は決して一人では生きていけないし、周りの人達に助けられ、励まされて生きている。

それなのに、「お互い様」という事に気付いていない人が多く見受けられるのは残念である。辛くなったら休む、頑張らない。苦しくなったら辞める、あきらめる。でも、貴重な時間を割いて、一生懸命教えてくれたり、面倒を見てくれたり、向き合ってくれる先輩や後輩も居る。

もう少し、あと少し、小さな夢でも、絶対叶えるんだという強い意志、若しくは、もう少し自覚や責任感があれば叶う筈なのに、その小さな夢さえあきらめてしまう。それは自分一人の問題ではなく、そういった周りの人達に対しての「義理」や「責任」さえも、放棄している事にほかならない。

冬季の合宿や大会では、小さな子ども達が、寒さに震えながら、それでもリーダーや帯上の先輩としての「責任」を全うし、頑張っている。

責任も自覚も欠落した大人も多い中、長年空手を続けている子ども達を見ていると、私達が教えられることも多い。もちろん、子ども達自身も、素晴らしい経験であろう。

多くの人には、夢や目標がある。しかし、それを叶えるべく努力する人は少ない。人間は弱いもので、何か強い動機がないと継続は難しい。

空手で言えば、入門した時の強い気持ちがずっと続いていれば、目標は叶う筈なのに、その強い気持ちがだんだん薄れ、自分に負け、結果、あきらめてしまう人が多い。

私も何度、夢や目標をあきらめてきた事か。何度、挫折した事か。道場生のみんなに「あきらめない心だぞ！」と言い続けてきたのは、自分に対しての檄でもある。だからこそ、私自身、何とか今の道は、あきらめないで歩き続けている。


世阿弥の「初心忘るべからず」のとおり、「未熟さを思い出し、精進せよ」である。いくつになっても、成長すればする程、直面する壁や試練が必ずある。未熟さを思い出し、壁を乗り越えた経験は、その後の人生に必ず役に立つ。


自分のために発揮する力なんて、大した力ではない。大切な人のため、守らなければならない人のために発揮する力は、とてつもなく大きい。

「人は人によって活かされる」のである。

私は、私を活かしてくれている門馬道場の関係者のためにも、生涯、前向きに挑戦する強い意志をずっと持ち続けていく事が、私の生き方だと思っている。

第十一章

武道から学ぶ事

「守・破・離」から学ぶ空手全般の技量

最近は、剣道など武芸の習い事でも、「守・破・離」という言葉を聞く機会が多くなった。これは「空手道」の世界でも全く同じだが、残念ながらフルコンタクト空手には、この言葉はあまり当てはまらない。

ここで、「守・破・離」の意味を私なりに考えてみたい。

「守・破・離」とは、江戸時代を通じて長く武田流軍学の基本教科書として重んじられてきた「甲陽軍鑑」に記された兵法用語であり、この段を千利休が次のように詠んだそうである。

規矩作法　守り尽くして
破るとも　離るるとても
本《もと》を忘るな

これを江戸千家、不白流茶道開祖の川上不白が『不白筆記』、横井淡所の『茶話抄』などで説き、この詩が禅や能や武芸に応用され開花結実し、修行する者の「道」の指針となったそうだが、色々な説が微妙に絡み合っており、本当のところは不明のようだ。仏教では「習・絶・真」、雅楽、能楽など日本の伝統音楽では「序・破・急」などとも言い、あらゆる「道」の修行における順序段階での教えである。

「守・破・離」は、現在では広く日本の武芸に使われるようになり、習い事をする上での心構えとなっているが、この考え方は、既に武芸やスポーツに留まらず、ビジネスでの仕事を習得する心構えにも応用されている。

「守・破・離」は、以下の三段階に分けられる。

「守」＝最初の段階であり、師の教えを忠実に守る。何も知らない段階から、自身の師やその流派の流儀、型をそのまま忠実に守りながら受け継ぎ、確実に身に付ける。そして、一通り学び終える頃に出てくる様々な疑問に対して、師が「自分で考えなさい」と言う事が多くなったら、次の段階に移っていく。

「破」＝次の段階は、「守」で極めた型を自分にはめてみると不具合が生じる部分、これを否定していくという段階である。

師の流儀・型を極めた後に、他の師や他流の教えについても考え、それらを自分と照らし合わせ、既存の型を破り、独自性を生み出して心と技を発展させていく。

「離」＝最後の段階では、その流派に依拠しながらも、「守」にとらわれず、また「破」も意識せず、独自性を持ち、新しいものを生み出していく。試行錯誤して見えてきた自分の型を、経験に基づき肉付けし、若しくは削り磨き上げて自己の研究を集大成し、師の型から離れて独自の境地を拓いて一流を編み出す。


以上の教えであるが、簡単に言うと次のようになる。
1、「守」は型を守る事。先生に言われたとおりの事をきちんと出来る事が第一段階。
2、「破」は先生の教えを破る事。型を完全にものにした後、自分なりのやり方を導入していく事。
3、「離」は先生から離れ、独立していく事。
この三段階を経て、ようやく技が完成する訳である。

もちろん「離」の後も、「本ぞ忘るな」の言葉どおり、教えを受けた師に対する礼、現在の自分を作ってくれた礎を、決して忘れてはいけない。「守・破・離」には限りがなく、それは繰り返す事でより大きなものに発展していくとも言われる。

前進せねば「離」にあらず。また、ここは到達点にはあらず。

「守って型に着き、破って型へ出て、離れて型を生む」

どうでしょうか？　素晴らしい教えですね。剣道や居合い、一部の空手等は、まさにこのとおりである。しかし、現在のフルコンタクト空手はどうだろうか？　残念ながらフルコンタクト空手は、このような段階を踏まなくても、ちょっと道場で習っただけで、イヤ、本やDVDを見ただけでも、基本はもちろん、型までも真似事が出来てしまう。ましてやミットや自由組手なら、すぐにそれらしくなるから、すぐ先生気取りになり、体育館に子ども達を集めれば一流一派の出来上がり。

「守」の段階にも到達していないうちに、「破」の段階も飛ばし、いつの間にか「離」に行ってしまう。私の周りにも、そういう「空手道」を冒涜している輩が確かに居る。

「組手至上主義、勝負偏重主義」はあくまで極真のプロパガンダであり、実際、大山総裁は基本や型をとても重要視されていた。基本稽古によって一つ一つの技が上手になり、それを型に、更には組手に活かせなければ意味がない。だが、この「守」から「破」に移る段階が難しい故に、空手に「型不要論者」が居るのではないだろうかと思う。

最近の空手道場の中には、基本や型を軽視し、自由組手のみに走る傾向があり、そういう人達が大会に出れば、競技に特化した戦い方の練習を十分に積んでいるので、そこそこの成績を残し、それで満足してしまう。

しかし、大山総裁は空手としての「衿持」、武道家としての「礼節」を常に重んじ、勝者の「ガッツポーズ」を戒め、「空手着を着たキックボクシング」なるものを決して許さなかった。大山総裁が目指した本当の「空手道」とは、前述した「守・破・離」のように、空手道の修行段階を確立し、その過程において「押忍の精神」、すなわち「尊敬、感謝、忍耐」等の武道精神を教える事が武道教育であり、それを実践する事によって「人格形成」を成し得て、世界に通用する多くの若者を育成する事ではなかったのか。

極真の型稽古の目的

本来の極真空手とは、基本が出来て、型が上手く、その土台があった上で、組手が華麗で強くなければならない。まさに「地に沿った基本、理に叶った型、華麗なる組手」である。

しかし、現実は「組手が強ければそれでよし。型なんぞ力強く行い組手の強さで判断すればよい」と言う、師範・先生が多いのが現状である。

でも、それが極真の型だと言うのなら、型の稽古をやらない組手のチャンピオンや、二十代の若くて強い選手が、型の順番を三〇分もかけて覚えたら、今の師範や先生では、「競技の組手」はおろか「競技の型」でさえも、その人達には永久に勝てない事になる。

例えば、空手歴三〇年の先生が、空手歴五年の組手の選手に、「型の順番」を一時間も反復されたら、追い越されてしまうだろう。

かれこれ二〇年以上も前、小野寺師範が初めて全日本型大会を開催した。その時の採点基準や審判の講習会などは、私も含む数名で仕切らせて頂いたが、その時の各審判員の努力や苦労は大変なものであった。その後、回を重ねる度に、様々な問題に直面してきたから、型競技の難しさは誰よりも理解しているつもりである。

そもそも、型は競技化するものではないという意見も十分理解出来る。しかし、現実として大会で型競技を開催すると決まった以上は、「体力任せの型」から「空手全般の技量を顕す型」を目指さなければならない。そして、それを裁く審判の目も「組手の技量」のみではなく、「正確さ・力の強弱及び気迫・身体の伸縮や転身・技の緩急・息の調節・流れや表現力」などをもって、「空手全般の技量」を見極めて欲しいと思う。

「極真空手の型」は、人に見せるためのものでも、美しさを誇るものでもなく、あくまで戦いのためのものである。そしてその中には、人格の向上、精神の修養という意味も含まれている。型を行うという事は、意識的にそういう意味を持たせる事が大事であるからこそ、型は空手の母体とも言えるのである。

型の稽古では、技や体の運び、体の動きと呼吸の関係、間合い、技の極めなど、基礎的な連携動作を体に覚え込ませる事が最も大切である以上、多くの型の動きだけを覚えるより、ひとつの型を完全に自分の体に覚え込ませる事で、初めて成果が表れてくる。

型はやればやる程、間や技などに疑問が湧いてくるが、そんな事はいくら頭で考えてもわからない。型稽古で空手の力量が増してくる程、自分なりの意味が新しく変わってくるものである。

型は空手のエッセンスであるが、それだけでは何の役にも立たない。「極真空手の型」は、「目的」ではなくて、実戦への応用と基礎の完全な習得を念頭に置き、空手全般の力量を向上させ、充実した組手の実力を養うための「手段」である。

このように、型は肉体的・生理的な意味での空手の理想形と、信念の込もった精神的な意味での理想が含まれているものでもある事から、「型の競技化」などは本来の目的からは逸脱していると言える。

しかし、極真空手が組手の競技化によって普及・発展してきたように、型においても競技化により型への関心が高まる事によって、稽古に対する意欲や技術の習得に対して積極的になる事で、極真空手の底上げが可能となる事は間違いない。

ただ、現在はまだ「型」の稽古を殆どしない師範・先生が、何故か型の審判をしているため、判定があまりにもバラつき、選手が可哀想である。

極真はパワー空手として隆盛を極め、組手競技に傾注して発展してきた。そのため、「型」など誰もやらなかったと聞くし、私も四二年の空手人生の中で、型を真面目にやっていた人を殆ど知らない。映画『地上最強のカラテ』などで、撮影用に型を打っていた大先輩でさえ付焼刃でしかなく、その出来栄えに苦笑いしていたと聞く。

このような背景から、一般に極真の型試合は、どこの大会でも判定基準が曖昧になりがちで、それを明確にしようとしても、結局は審判の主観でしかない。しかし、一生懸命稽古し、試合に出場する選手の気持ちに、出来るだけ報いようとする取り組みは、途切れる事なく継続すべきである。

明確な判定基準は難しいが、極真だからこそ「力強さ」を評価し、次に「立ち方」や「技の正確さ」

などを基準に判定すればよいと思う。ただ、この「力強さ」の解釈がまた問題となる。

日本の極真道場では、那覇手系の型で、「撃砕」「十八」「最破」「征遠鎮」「三戦」などは割合上級に位置し、大人の黒帯でも上手に打てる人はなかなか居ないが、剛柔流など伝統系では、それらの型は初級から中級に位置し、七~八年もやった黒帯なら、小学生でも上級の「ソーチン」など素晴らしい型を打つ(もちろん組手につなげなければ意味はないと思うが)。

とにかく、昔から極真の型は力任せだったから、形を作るために「型」なんぞやった事がないのではないかと思うぐらい、歯ぎしりしながら息を止めて、見ているこっちが疲れるぐらい力んで型を打つ。だから多くの人は、強くなりたいなら型稽古などせずにミット打ちが手っ取り早い、となってしまう。事実、極真以外の流派でもフルコンタクトカラテが数多くある今、普通にミット打ちを稽古のメインメニューにしている他流の道場に手も足も出ず、負けてしまう事もしばしばで、それに負けじと極真もミット打ちをこなす。極真が他流派の真似? にならないためにも、極真の各指導者が一日も早く型稽古の目的や効用を明確に現せるよう、「型稽古」に「意」を注がなくてはならないと思う。

「型」に力みは禁物である。「力強さ」は良いが、「力任せ」は駄目である。「やっぱり極真の型は力任せで下手クソだ」などと、伝統派の人達に揶揄されないよう、自身の信念の込もった「魂」を、その「型」に表すくらいのつもりで、型稽古をして欲しいと願う。

空手の稽古で強くなる

最近の傾向として、海外選手の多彩な「技」に比べて、日本人は「ワンツー・ロー」で押し切る組手が多い。これは、少年部も一般部も同じである。確かに「極真カラテは勝負偏重主義」であり、勝てば官軍とばかりに何を言っても許されるし、周りの評価も一時的には上がる。一方、負ければ賊軍で、負けた方は何を言っても言い訳になり、周りの評価も一時的には下がる。

しかし、大山総裁時代の師範・先生方が口を揃えて仰っているように、本来の「空手の稽古」を知らない指導者が増えているそうである。

私は道場で、基本をおろそかにする生徒に、「今のお前達がそこそこ組手が出来るのは、基本や移動や型の『空手の稽古』のお陰ではなく、ミット、スパーリング、ウェイトトレーニングなどの『練習』をしているお陰だ」とよく言う。

身もフタもない言い方だが、残念ながら事実である。極真カラテを長年やっている人なら誰でも気付いているように、二十代や三十代で基本や移動、ましてや型など本気になってやっている人で、組手が強い人など殆ど見た事がない。

現在の競技ルールで勝つには、まどろっこしい「稽古」より、もっと効率が良い「練習」を選ぶだろう。なぜなら、一般道場生の多くは、それなりの責任を抱えた中小企業のサラリーマンが殆どであり、残業の合間を縫ってやっと時間をつくり、道場に通っているのが実情だからである。

そんな時間のない中での大会出場である。基本、移動、型などの「稽古」は適当に流して、ビッグミットでワンツー・ローの「練習」をしなければ、試合では勝てない現実がある。

もちろん、それを否定する気はさらさらない。安全に（実際は結構ケガも多いが）組手が出来て、そこそこ強くなれるのが、「極真カラテ」の魅力でもあるからだ。だから、選手や一般道場生はそれでもよいと思う。

だが、指導者になってもそれでよいのか？　そして、少年部はどうだろう。

少なくとも、門馬道場には「武道教育」を期待して、子どもを道場に預けている親御さんが断然多い。そして、指導する側も「武道としての空手」を伝えようとの想いが強い。だから、「練習」しか知らない人が「稽古」と称して、基本や型を教えるのは、強く戒めている。逆に「稽古」のみで、自ら試合で勝つ努力の「自主トレ」をしない人に、指導をさせる事もない。

私はここ数年、海外からの要請でアメリカ、オランダ、イタリア、ロシア、デンマークなどの国々に何度も指導に行かせて頂いているが、明らかに基本や型は海外の方が上手いし、それらの稽古に時間を割いている。

試合で勝てさえすれば、「でたらめ」な基本や型でもよいのか？

基本や型が上手ければ、試合

アメリカでの指導（2019年）

オランダでの指導（2018年）

で勝てなくてもよいのか？

大山総裁が常に仰っていた「地に沿った基本、理に叶った型、華麗なる組手」を具現化しているのは、残念ながら本家の日本より、すでに海外の方が上になりつつある。

もちろん日本にも、大石道場の内弟子である日下部兄弟のように、空手の稽古から積み上げた強さを軸に、大会で活躍している選手もいる。門馬道場でも、内弟子である大住柊太・鈴木統河の両選手のように、空手の稽古で強くなった選手が育ってきており、将来が楽しみである。是非共、日本各支部の若手の選手にも見習って欲しい。

武道の奥深さを学ぶ

本来、型稽古は空手の稽古の根幹を成す。空手は徒手空拳の格技ではあるが、棒などの武器を操る事で、武術的な身体操作を学び、自身の空手にプラスになる事は、自明の理だとも思っている。

しかし、その事に気が付いたのは私が四〇歳を過ぎ、度々身体のあちこちのケガや故障で、思うように組手稽古が出来ず、かなり悩み焦っていた頃だった。

色々なご縁で、太気拳の佐藤嘉道先生をはじめ、サンボの萩原幸之助先生や琉球古武術の山口正舟先

左から鈴木統河、日下部尚人、私、日下部尚弥、大住柊太（2020年）

生、総合格闘家の平直行先生などにも出会い、色々な武術を学んだ。居合いも塩見俊夫さんに教えて頂き、居合道の大会で準優勝した経験もある。

その時々で「今の自分に足りないもの、今の自分を救えるものはこれだ」との思いに達し、それらの武術を自分の極真空手に加え、今も積み上げて稽古をしている。

もちろん、これらは私の個人的事情であり、道場生に強要すべきものではなく、指導員数名にたまに伝える程度で、選手や一般道場生に教えた事はない。

逆に、指導員に

福島県居合道大会で準優勝（2006年）

福島県大会で棒術の演武（2011年）

も選手にも、「そんな暇があるなら極真空手の稽古をしなさい」と言ってきた。

現在、門馬道場が参加する大会は年間二〇を軽く超える。大会などに挑戦する機会が増えたのは素晴らしい事だが、毎回大会に追われ、日常の稽古では必然的に大会用のメニューになる。

基本、移動を程々にしても、コンビネーション、ミット、組手で、一時間三〇分はあっという間に終わってしまう。親御さんはこの稽古をさせたいがために、道場に通わせている訳ではないだろうし、私はこの稽古をさせたくて、自分の人生を空手に賭けてきた訳でもない。

特に大人に関して言えば、本当は空手道の根幹を成す型稽古や、武道における身体操作、顔面や掴みを想定した組手、護身術、武器術、そして技の精度や威力を上げるためのテクニカルな稽古も、もっともっと時間をかけて行いたい。

そのような日本の素晴らしい武道を、厳しい稽古の中から身を持って掴み取り、その自信や体験を一般社会の中で活かす事が、本来の空手修行の目的だと思うからである。


「空手をやる者は棒をやれ」とは、昔からよく聞く言葉である。しかし、極真空手の現実において、棒などの武器術に興味を惹かれ、ハマッてしまったら最後、どうしても肝心要の組手のレベルが低くなる。それはそうだ。空手の稽古だけで一日に何時間も費やし、合間にやっと時間を作って走って、ウェイトトレーニングもやり、ちょっとだけ型稽古、それでもなかなか試合には勝てないのに、どう考えても武器術をやっている暇などない。

余談であるが、私達の世代は、昔の映画『地上最強のカラテ』などで、大山道場（極真会館の前身であり、大山総裁が初めて興した空手道場）時代からの極真の大先輩が、棒やトンファなどで演武をしているのに憧れた事もあって、大山道場初代師範代である渡邊一久先生が門馬道場にいらした際に、大山道場の頃の稽古のお話を伺った事がある。

その時、「大山道場時代は、武器術の稽古もしていたと聞いた事がありますが、渡邊先生も武器術をやっていたのですか？」とお聞きしたら、渡邊先生曰く「当時は、組手が怖くて出来ない奴や、弱くて相手にならない奴が、道場の隅っこの方で、独自にヌンチャクをたま〜に振っていた程度。そんな話、誰が言ったの？」と呆れていた。

大山道場時代の稽古を、よく雑誌などでまことしやかに言っている人が居るが、全くの「ウソ」だそうである。

話を戻す。誤解のないように言っておくと、それら武器術の稽古は、空手を極めようとするならば、必要不可欠だと私は考えている。

ただ、武器術の稽古をするのは、「極真の空手をかなりガッチリやってきた人」か、「空手の指導に携わる人」でよいと思っている。若いうちは、組手をガンガンやって純粋に極真空手に明け暮れ、やがて体力や気力に限界を感じた時に、大きな壁にぶち当たり模索が始まる。

その時、近くに「武の道」に導いてくれる人が居て、もし機会があるならば、居合いでも古武術でも学んでみればよい。ガチンコ組手の「強い、弱い」の価値観でしか空手を語れない人しか近くに居なければ、その壁を乗り越えられず、「武の道」から遠ざかって行くのかもしれない。

いずれにせよ、それらは一つの事、つまり極真空手の組手のみをガムシャラにやった先に見えるものであり、少なくとも「極真を志した者」は、そうあるべきだと思っている。それが嫌なら、最初から伝統派か古武術の道場に入門すればよいだけの事だ。

一番怖いのは、武道、武道と連呼している割に、肝心の組手が全く駄目で、大会に出ても他道場どころか、他流派にまでコロコロ負け、「ああいう組手は空手じゃない」と負け惜しみを言い、型や古武術に傾倒し、他流派の先生や道場生どころか、保護者の方々にまで「極真笑える」と失笑を買う事である。


しかし、現在の極真空手の道場では、組手をガチンコで行えば生徒が来なくなるという、現実の壁にぶち当たっているところも多い。

昔は、稽古時間中は、ほぼ基本、移動、組手のみで、稽古が終わると、また延々と組手で、それでも何の疑問も持たなかったが、現在は、組手メインの稽古では皆辞めてしまう。何故なら、現実問題として、稽古の度にガチンコで組手をやっていたのでは、脚の打撲や突き指が付きもので、次の日仕事に片足を引きずりながら行く事になる。、たまにならともかく、日常茶飯事にあるとすれば、それでは会社員として、一般社会の中で生きていく事は難しいからである。

そんな甘い事を言っていたのでは極真空手は続けられない、という意見が聞こえてきそうだが、やはり極真空手に何かしらの希望を持って入門してきた人に、武道としての空手道の奥深さを伝えていかないと、長く続けてもらう事は出来ないし、何より極真空手に未来はない。

何度も言うように、現在は入門してくる殆どの一般部の人は、運動不足解消やら健康増進が目的である。稽古に来る頻度など、下手すると週に一回とか月に二〜三回で満足している人も居る。それで自分が変わったり、健康になったりするかどうかはさて置き、その方々が選んだペースだからそれでよい。

空手のお陰で仕事に張り合いが出たり、段々に目標が具現化してきて人生そのものに張り合いが出来たりするのであれば、それも道場の役割である。

大事なのは挑戦する事、継続する事の大切さに気付く事。そして私達指導者も常に挑戦し続け、あきらめないで継続し、引っ張って行ってあげる事である。

空手はいくつになっても続けられる。六〇歳になっても七〇歳になっても、稽古さえ怠らなければ動けるおじいちゃんになれる。

ある大会で、グランドマスターズ（六〇歳以上）の部に出場して、必死に戦っている選手が居た。裂《れっ》帛《ぱく》の気合を入れて必死に突き、必死に蹴るその姿に心が揺り動かされ、感動して涙が止まらなくて困った事がある。

閉会式で私は、その方の戦いを「打たれても打たれても決してあきらめない。まるで人生の大先輩の生き方を見たようでした。私もこれらの戦いを見習い、これからの人生そうありたいと思っています」と挨拶を述べた。その人生の大先輩は、最前列で号泣していた。

頑張った人にしかわからない感動……その号泣する姿を見て、再び私も涙が溢れ、やっと挨拶を終えた。


大石範士がよく言われる事がある。

「二十代、三十代は強さを追求し、四十代は上手さを追求して人を引っ張り、五十代以降は生き方で人を引っ張るようにならなければいけない」

歳を積み重ねても続けられる空手。技で力を制せられる空手。

基本や型をおろそかにし、ミットやスパーリング、ウエイトトレーニングが練習の大半で、出来上がったスタイルは「ワンツー・ローキック」のキックボクシング空手で、五〇歳過ぎたら、否、四〇歳過ぎたらみんなメタボ、なんて事にならないように、生涯現役で動けるような武道空手の稽古体制を、早急に確立しなければならないと改めて思った。

大会で学ぶ事

極真空手の大会は、地区大会や県大会、ブロックごとの大会のほか、年に一度の全日本大会、四年に一度の世界大会などがある。特に、全日本や世界大会など、遥か上の大会を目指す一般部の選手は、きれい事を言っていられない。勝つために厳しい稽古をし、あらゆるものを犠牲にして、「乾坤一擲」、その場に立つ。

試合は、石に噛り付いてでも勝つ執念、相手と刺し違えるくらいの闘志、気迫を持って臨まなければ、勝利は掴めない。

だが、勝負は時の運。門馬道場にも、全日本を目指す若い選手が何人か居るが、稽古を頑張ってきた結果勝てた者、稽古を頑張ってきたが勝てなかった者、悲喜こもごもである。だから、私は一般部の選手が負けても、叱った事は一度もない。

一方、稽古はサボっていたがたまたま勝てた者、稽古をサボって案の定勝てなかった者、勝っても負けても最初から勝つ気のない者には、厳しい言葉を発する。

数年前の全福島大会で、門馬道場の高校生や一般部の試合を本部席で見ていて、その不甲斐なさに落胆した事がある。選手達の勝利への執念が足りない事に対する苛立ちはもちろんだが、指導者として結果の出るように稽古に導いてやれなかった事に対する情けなさや、苛立ちの方が、遥かに大きかった。

私は試合終了後、選手達をアリーナのバックヤードに呼び出した。開口一番、「お前達の試合を見て本当に残念だ。お前達には失望したが、それは俺の責任でもある。明日から本当に死んだ気になって稽古をする気があるか？」と真剣に話すと、みんな一様に「押忍。お願いします」と、力強い返事が返ってきた。

あれからずっと現在まで、たった週二回ではあるが、一般稽古終了後、中高生と一般の居残り組は、体力づくりはもちろんの事、打たせ稽古から技術面まで、私と一緒に夜の一一時過ぎまで選手稽古を継続している。

結果、様々な大会で成績を残せるようになったし、仮に成績が残せなくても、みんな一様に清々しい顔である。

先日出場した大会でも、初戦で負けてしまった選手が居た。昔なら「情けない」と思っただろうが、今は違う。稽古に必死に取り組んだ彼らを誇りに思う。中高生などは学業が本分である筈なのに、勉強もそこそこに、夜中までわめきながら一緒に稽古した日々を、私は誰よりもよく知っている。

彼らにとっても、大会に向けてあんなに真剣に稽古したのは、初めての経験だっただろう。でも、たった数ヵ月で結果が出る程、甘い世界ではないし、そんな底の浅い空手なら、青春を懸けて取り組む価値もない。

出場した大会では、不動のチャンピオン達が、彼らに勝負の厳しさを存分に教えてくれた。彼らも必死に食い下がった。私は試合を見ながら、彼らとの数ヵ月間を思い出して、応援より涙をこらえるのに必死だった。

「若さ」とは、やり直しが利くという事。まだまだ将来のある彼らが、これからどこまで強くなるか、私のみならず、彼ら自身が一番楽しみにしているに違いない。

空手を通して学んだ大切な事。それが彼らの心の中にある限り、彼らの成長は止まらない。努力しても報われるとは限らない。だが、報われた人間は必ず努力している。

今回、私と一緒に居残りしてきた彼らは、貴重な経験を沢山してきた。彼らが、他人から信用・信頼され、社会に必要な人間になる事は間違いない。

自分さえよければという、自分本位の想いだけでは決して成し得ない、不思議な感覚が人生にはある。

相手を思いやる気持ち、共に幸せになろうとする心が大切である。相手を蹴落としても、自分が幸せになる訳ではない。

大会に出る直前の稽古日と終わった直後の稽古日は、決っして休むな、這ってでも来い、と私は常々言っている。それは、師範・先生・先輩・同輩・後輩はもとより、応援して声を掛けてくれた保護者の皆様に、「今日までありがとうございました。頑張って来ます」や、「応援ありがとうございました。結果はこうでした」と、言える人間で居て欲しいからだ。そうした心遣いが出来ない人間に、人生の幸せなどやって来ないと思う。

子どもにも自分にも、優しくなれる心を育てる

この章で述べてきたように、私達大人は、武道を通して「守破離」の教えを社会生活やビジネスなどにも活かし、また、空手の母体である「型」などを修得する過程で、人格向上や精神修養を目指す。

時には、武道の奥深さに感動し、大会等に出場することで自分の弱さを知り、再び道場稽古で初心に立ち返り、明確な目的や目標を持って試練を乗り越え、また日々の稽古に励む。

しかし、子ども達に人格向上などと言ってもなかなかピンとこないし、まだまだ武道の奥深さに気付く事も難しい。だから子ども達は、大会や昇級審査などの明確な目標があれば、そこに向かって頑張ればよいと思う。その中で、やがて子ども達も少しずつ成長しながら理解していく。

問題なのは、子ども達を取り巻く親御さん達である。子ども達が頑張ろうとしているのに、親がめげて子どものやる気を削がないように、「武道の教え」を理解して、教育＝子育てをして欲しい。

そもそも、子育てはめげることの繰り返しである。子育ての悩みは、親は我が子に「こうするべき。出来ないのは努力しないから」と、自己肯定感を振りかざす事や、自分自身に対しては「こうあるべき。出来なかったら母（父）親失格」と言う、自己否定をしがちな事である。

ついでに、子育ての過程の中で悩んだ時は、周りの方々からのアドバイスにも一喜一憂してしまう。そのアドバイスは正しい時もあれば間違っている時もあり、一体何が正解なのか、また悩み苦しむ。

だが、それでよいと思う。その悩みや苦しみこそが、人生に必要な試練である。その試練を乗り越えるべく、一歩一歩あきらめないで歩き続け、少しずつでも心の免疫力を向上させ、最終的には親も子どもと一緒に強くなって、乗り越えていくしかない。

自分が強くなれば他人に優しくなれる。子育ては、子どもや自分に対して優しくなれる「心の余裕」があれば、問題の殆どは解決出来る。

そのために大切なのは、子どもと真剣に向き合い「そのままの我が子を受け入れてあげる」事である。自分が産んだ子であり、自分が育てた子である。必ずや寄り添う事が出来るし、子どもにも自分にも、優しい気持ちになれる筈である。

子育ては、常にやさしい気持ちになれるように「自分の心を大きく育てる事」でもある。武道の修行と同じく、薄紙を一枚一枚積み重ねるように、めげずに、あきらめないで歩き続ける。頑張る事をあきらめない。

それこそが、未来を生きる子ども達に、今私達大人が伝えられる大切な事である。

第十二章

強く生きる力を育てる

桃李もの言わざれども、下おのずから蹊を成す

私の敬愛する一人に、福島県いわき市に住む渡辺進一という極真空手の先生が居る。私より一〇歳以上も年上の人生の大先輩である。

渡辺先生とは、年に一度くらいだが、二人きりで酒を酌み交わす事が至上の楽しみでもある。二人で飲む酒は、いつも楽しい話題で盛り上がり、笑いが絶えないのだが、ある時、たまたま私が行き詰まり、悩み、苦しんだ時期の辛い心情を延々と吐露した事がある。

渡辺先生は、じっと無言でうなずきながら聞いてくれたが、一通り聞き終わると、こんな言葉を教えてくれた。

「桃李《とうり》もの言わざれども、下《した》おのずから蹊《けい》を成す」

これは『史記』「李将軍伝」にある一節らしく、「桃や李《すもも》の木は、ものを言わないけれども、美しい花を咲かせ、美味しい実を結ぶから、それに惹かれて人々が集まってくるため、おのずとそこに蹊《こみち》が出来る。徳がある人は、何も言わなくても、その徳を慕って人々が集まってくる」という意味らしい。渡辺先生の座右の銘でもあるそうだ。

故事成語では『桃李不言　下自成蹊』で、四字熟語だと『桃李成蹊』となるらしい。

渡辺先生は、中国が好きでよく旅行に行くらしいのだが、この言葉を中国の友達から教えてもらい、それ以来、ずっと大事にしているという。

「この諺は、門馬師範に当てはまっているなと、ずっと思っているんです」

そうしみじみ言ってくれた言葉が、涙が出るほど嬉しかった。

夕方早くから飲んだので、夜一〇時を回る頃にはベロンベロンに酔っ払っていた渡辺先生だが、ホテルまで送って頂き、何度も何度も「門馬師範、ありがとう。頑張って」と、固い（痛い）握手をして別れた。何かスッキリと霧が晴れたように清々しく、気持ちが軽くなった。渡辺先生、いつまでもお元気で、私の人生の良き先輩で居て下さい。


ちなみに、『道旁苦李《どうぼうのくり》』という諺もある。「ちょっと見には立派な実が、道端の取りやすいところにあるが、その味が苦いので、成った実は誰も取らない」と言う意味である。

『桃李成蹊』とは、まるで正反対の諺だ。いくら自己宣伝をしても、中身がなければ、見向きもされないという事である。

正しい道筋を信じて

普段の社会生活の中で、一個人が特定されて誹謗中傷される事はそれほどないだろうが、武道の世界ではよく起こり得る。

社会そのものが「嫉妬社会」であるし、日本は同質性が高い社会だから、仕方ないかもしれないが、自分の自慢をする一方で、他人を卑下する人が多い。

「自分はこんなに生活が大変なのに、あいつはラクをしやがって」とか、「何であいつが俺より給料が高いんだ？」などと妬む人が居るらしい。何でその人がラクに見えるのか、何でその人の給料が高いのか、そうなるために、その人がどれほど努力をしているかには目が向かない。

逆に「うちは凄いが、あっちは駄目だよ」と、どうでもよい事が妬みの対象になる。「凄い」の基準が自分の目線や価値観でしかなく、他人の努力を認めようとしない。そして、そういう人に限って、あまり努力をしていなかったりする。

自分では何も出来ない奴に限って「虎の威を借る狐」。自慢ばかりで、周りの人は認めない。協調性もなく、俺が、俺がと我を張るから、当然、孤立していく。その結果、周りの気持ちが離れていくのに気付かない。


裏切ったとか裏切られたとか、まことしやかに人に安易に伝える人に限って、実はその人の方が自分の悪や不利を隠すために、人を裏切っているなんて事は多々ある。

私も、色々と誹謗中傷された経験がある。自分の事は棚に上げて、ああだこうだと言って回り、さも自分は全く悪くないように、一方的に人に伝えるのだ。事実を捻じ曲げ、時系列を巧みに操り、自分に有利なように話を作り上げる。

始末が悪いのは、それを聞いた人が共通の利害関係だったりすると、話にどんどん尾ひれが付き、悪意に満ちた話が広がる。こういう人は、もう性格が歪んでいるのだから、相手にしない方がよい。

夢を叶えたい、人より上に行きたいと願う時、向上心を持って必死に努力する人も居れば、自分は努力もしないで、人を利用する事しか考えない人も居る。人それぞれだが、自分が上に登るために、人を蹴落としてまで這い上がったり、人を騙しておいて「シメシメ、してやったり」と、ほくそ笑むような、そんな生き方はしたくないものである。

正しい道筋を信じて歩けば、やがてわかる人にはわかってもらえる。夢を持って、ただ、ひたすら歩くのみ。

心の方向性を変える

人生には、選択を迫られる時がある。どれを選ぶか決定するのは、自分自身である。だから、幸せでも不幸せでも、成功しても失敗しても、全てが自己責任で、誰のせいでもない。わかり切った事だ。しかし、都合の良い事は自分の選択が正しくて、都合の悪い事は誰かのせいで選択が間違ったからだと、心を向ける方向が違う人が居る。

先日、ある人が「他人の文句や愚痴を、延々と聞かされて辟易した」と言っていた。私も、この手の経験がある。そんな時は、その人の負のエネルギーを体一杯に浴び、本当にイヤーな気分になる。世の中は、思ったとおりには行かない事の方が多いし、辛い事や苦しい事、悲しい事は日常茶飯事で、生きて行くのは本当に大変だと思う。

それでも私達は、小さな楽しみや目標、または、でっかい夢を持って頑張っている。充実感や、目標を達成した時の充足感、夢を叶えた時の次への希望があるから、日常の嫌な事を乗り越え、元気に生きられる。

逆に言えば、目標や目的の設定が上手く出来ない人は、充実感や充足感、希望などをあまり感じる事がないから、いつも満たされていない。だからだろうか、本当は自分が悪いのに、全部人のせいにして、他人への文句や愚痴ばかりが出るのだ。

例えば、空手を始めたとする。そして、自分の生活に張りが出て、頑張る事や目標を持つ事の大切さを知り、生き生きとしてくる。仕事も含め、色んな事が好転するかもしれない。ところが、いざ、上手く行かなくなったら、これまですぐ「何かのせい」にしてきた人は、仕事が上手くいかないのも、家庭が上手くいかないのも、空手のせいだと考える。自分の考え方、決断の仕方、生き様が間違っているとは思わない。その環境を作ってきたのは自分自身なのに、何かのせいにする。

でも、全ては自分が選択した「結果」である。空手を選んだのも、その道場を選んだのも、空手が飽きてきて休むのも、仕事でミスしてイヤになったのも、家庭を疎かにしたのも、全部自分自身が選択した「今」である。もしかしたら、その選択には自分の意志以外の要素も入っていたかもしれないが、それも含めて、やはりあなた自身が選択した「今の生き方」である。

後悔してもはじまらない。もし、あなたが幸せに生きたいのならば、あとはもう「心の方向性を変える」しかない。

「心の向け方」を考えた場合、常に自分が「主体性」を持って判断し実行する事は大切だが、問題はその主体性を持って考えた事が、自分のためだけなのか、それとも人のためなのかである。人生が上手くいかない人は、常に心の方向は自分のみに向いている場合が多い。

この考え方は、武道の考え方なのだが、要するに「俺が俺がではなく、常に自分を二番目に置き、世のため人のために奉仕の心を持つ」事が、心の豊かさを生み「やりがい」に通じるという教えである。真の武道教育とは、こうありたいものである。

私は、人間は幸せになるために生まれてきたと思う。人の成功を願う人は、自分はそれ以上の成功を収める事が出来るのではないか……例えそうでなくとも、本気でそう信じ、心の正しい向け方を実行していれば、いつか必ず報われて幸せになれるかもしれない。

私達大人が、そうなれるよう「武道教育」に夢を待って取り組まなければ、武道教育などは絵空事で終わってしまうだろう。

相手を打ちのめす強さより、弱い自分に負けない強さ

私は道場で、哲学者であり教育者である森信三先生が唱える「しつけの基本三原則」の話をよくする。

1、朝、起きたら必ず挨拶をする子に

2、「ハイ」とはっきり返事の出来る子に

3、ハキモノを脱いだら、必ず揃え、席を立ったら必ずイスを入れる子に

この三つを習慣化していれば、「しつけ」は大丈夫というものだ。

小さい子ども達に伝わるかどうかはわからないが、保護者の方々には、是非考えてみて欲しい事である。

空手を修行する過程で学んで欲しいもの……それは、表面的な空手の強さではなく、強さを手にするために大切な「心」である。「心」が色々なものにとらわれ過ぎているようでは、何も身に付かない。あれもこれもと詰め込まず、もっとシンプルに、子どもらしい素直さを持ち続けられるような「教育＝

しつけ」こそが、「ゆとりある心」を形成するのではないか。

「しつけ」とは、人間の基本的骨格をつくる事である。森先生が提唱する三つを具体的に言うなら、挨拶は、人間関係のきっかけをつくり、返事は、その関係を受け入れ、ハキモノや席は、事の締めくくりと同時に、次の新しい一歩のために備えておく事だと思う。

単純な事のようだが、なかなか実践出来ないのが現状ではないだろうか。しかし、道場では、これらの「しつけ」がごく当たり前に存在する。それも、言われて仕方なくやるのではなく、空手道の厳しい修行の過程で、自然に身に付くのが理想である。


親は「子育て」という教育の過程で、何度もめげそうになり、悩み苦しんでいるだろう。でも、繰り返しになるが思い出して欲しい。道場に入門させた時の「我が子に本当に望んでいた事」を。

「今の自分より少しでも成長して欲しい。人に優しく出来る子になって欲しい」。

そのために空手を習って、礼儀正しく強い子に育って、将来社会生活が幸せに送れるようにと願った筈だ。

いくら「突き・蹴り」が強くなって、大会で優勝してチャンピオンになっても、社会生活を幸せに送れるとは限らない。社会に出て本当に活きるのは、人間の基本的な骨格、つまり挨拶や返事がしっかりと出来ることである。それが出来なければ、一般社会に馴染む事は難しい。

本当に強い人は、自分の弱さを知っている。その弱さを隠すこともしない。自分の弱さを受け入れ、それを克服しようとする事が強くなる方法だと知っている。

そのために、辛いことや苦しいことから逃げずに、どんな時も笑って頑張れる。自分で決めた事はあきらめないで最後までやり通す。その積み重ねこそが自分の自信となり、自分の心を強くし「ゆとり」が出来る。つまり人間的な心の余裕である。その「心の余裕」が、強いては人から信用・信頼されるための大きな要素と成り得るものである。

空手の修行で形成するべき「ゆとりある心」……それは、他人と比較する相対的な強さではなく、絶対的な強さを求めて自分自身を常に高める事を怠らない、「向上心」があってこそである。

自分から心を開き、相手の言う事を素直に受け入れ頭を下げるなんて、余程自分に自信がなければ出来ない事だ。相手に勝つ事に捉われる心より、自分の心を知りその心の器を大きくすることのみに着目することが、結果として自分を高める事にほかならない。

すなわち、空手を修行する過程で学んで欲しい大切なもの……それは、「強い相手を打ちのめす強さより、弱い自分に負けない強さ」である。

イジメは絶対になくならない

第一章でも触れたが、人間は心が未成熟云々は関係なく、気が付かないだけで、子どもに限らず、大人社会でも必ず「イジメ」は日常で起こっており、イジメは絶対になくならない。

それが深刻な「イジメ」ではなく、些細な批判や、ただの悪ふざけに過ぎないものを、いちいち「イジメ」だと過敏に反応して落ち込んだり、引きこもったり、挙句の果てに自殺までしていたのでは、命がいくつあっても足りない。困難を乗り越えるとか、何かをやり遂げるとか、自分に自信を付け、気持ちに余裕を持ち、些細な批判やいたずらをいちいち「イジメ」とは感じなくなるように、自分の心を強くするしかない。

それが仮に深刻な「イジメ」だとしても、それを跳ね返すくらい強くなれるように、自分自身に自信を持てる生き方が必要である。

くどいようだが、「イジメ」は絶対になくならないし、その「イジメ」に対抗する唯一の方法は、「自分の心を強くする事＝心の免疫力を高める事」しかない。

ただ、家庭や学校で、心の免疫力が付く程、度々困難に直面するかというと、それこそ余程スパルタな家庭や学校でもない限り、あり得ないだろう。では、どうすればよいか。

方法論として、子どもに何か運動する環境を与え、それを「継続」させる事をおすすめする。もちろん私は立場上、空手をおすすめするが、ポイントは「継続」である。

例えば、空手の稽古の場合なら、子どもは子どもなりの事情があり、心の波もあるから、休みたい、サボりたい日が必ずある。その時、親がどう真剣に対処するかで、全てが決まると言っても過言ではない。なるべく背中を押してあげることが大切なのだ。

稽古をサボりたいと子どもが言った時、「そんなに休みたいなら辞めれば」とか、「どうせ続かないんだから辞めれば」などと言うのは逆効果だ。同様に、子どもが大会に出たくないと言えば、「そんなに出たくないなら空手を辞めれば」とか、「どうせ弱いんだから」「どうせ勝てないんだから」など、親が先にめげてしまってネガティブな言葉で子どもを潰さない事である。

仮に親が、無理やり入門させたとしても、最終的には自分で決めて始めたのだから、「自分でやると決めたのだから頑張ろうよ」と、ポジティブに励ましてやる事が大切なのだ。

稽古を我慢して継続出来ない子ども、または子どもに言い聞かせる事が出来ない大人が、「イジメ」に悩んで克服しようとしても、問題が解決する筈がない。

心の強さがないからこそ「イジメ」が起き、イジメられた側は引きこもったりする。雨が降っても、風が吹いても、一年中ほぼ休まないで配達を続ける「新聞少年」も居る。新聞少年のような心の強さや精神力を持ったら、ちょっとしたいたずらでからかわれるくらいどうという事もない。

どんな単純な事でもコツコツと継続する、そんな心の強さがあれば、「イジメ」なんかには絶対負けない筈だ。

武道の最前線は道場稽古である

「空手は武道であり、勝つ事だけが全てではない」

こう言うと、勝てない奴の僻みだと言う人も居るが、勝ち負けだけの選手生活より、選手を引退した後、後輩を育成していく空手生活の期間の方が圧倒的に長い。勝った後どうするのか、チャンピオンになった後どうするのか、そして、もし空手の指導に携わっていくとしたら、その最も長いと思われる指導者としての期間で何がしたいのか。そこにしっかりとした「目的・目標」、そして「信念」がなければ、一般社会では通用しない「空手バカ」ならぬ、ただの「バカ空手」になってしまう。

世の極真カラテの指導者は、一般社会に適応出来ていない人が多いと聞くが、「勝てば官軍、負ければ賊軍」である。やはり試合は出る以上、勝たねばならないし、勝ってモノ言えば言葉にも説得力がある。

また、一生懸命空手を頑張って、勝つ事に執念を燃やし続け、目標を達成させる努力は尊いものであり、何ものにも代え難い。

しかし、チャンピオンになれなかったとしても、それが目標でなく、負けた事によって色々な気付きがある。負けた原因を反省し、負けた相手に追い付こうと更に努力する。

努力する中で先生、先輩、後輩、両親……そういう周りの人達に感謝する心を持ち、人を心から敬う事も覚える。それが勝負に勝つ事よりも大切であり、将来、社会に出ても役に立つ。

何度も言う。社会に出て通用しない空手なら、何の意味も成さない。

武道空手である限り、勝負にはこだわるが、それが全てではないということに、習う側、教える側が一体となって取り組んでいく事こそが、道場稽古の目的でもある。

大石範士が常に言われる言葉がある。

「武道の最前線は道場稽古である」

この言葉の意味を噛みしめ、常に意識を持って取り組まない限り、武道教育などは絵空事でしかない。

「文武両道」が極真空手の本分であり、人に指導する場合の最低限のマナーである。「文」だけあっても、「武」だけであっても、完全ではない。

門馬道場では、最低週四回「稽古」に出席出来ない人は、指導員に任命しない。勝敗を別にすれば、組手などは誰でも週一回の稽古で、そこそこ形にはなる。だが、武道の修行とは、床に薄紙を一枚一枚積み重ねていく作業である。反復に反復を重ね、継続して汗を流さなければ、その何たるかはわからない。どんなに凄い選手でも、どんなに優れた指導者でも、一年間稽古しなければ、「ただの人」になる。

「武道の修行は断崖をよじ登るが如し。休む事なく精進せよ」であり、週一～二回しか稽古しない人に「極真空手」の指導が出来る訳がない。

単なる試合に勝つためだけの空疎な空手ではなく、武道としての空手、人のために役立つ空手、社会に活きる空手、そういう空手でなくてはならない。

それは勝つため、目標を叶えるために、最大限の努力をした人のみが言える言葉、掴んだ真実であって、努力もせずにホドホドにしか取り組まない人の逃げ口上になったのでは、武道教育に未来などない。

空手を頑張る意義

人としての成長というのは漠然としているが、空手道場に当てはめて考えれば、万日、つまり多くの日数を費やした稽古を通して強くなる、という事だ。

強さは、腕力や脚力だけではない。道場とは、「権力に媚びず、暴力に屈せず、金の奴隷にならない、豊かな人間性を育む場所」である。そこで言う強さとは、自分の大切なもの、例えばプライド、家族、愛する人などを守るための強さでもある。

これを修得するためには、密度の濃い、長い期間の修行が必要不可欠である。例えば、週二回で、計四時間、月に一六時間程度の道場稽古を五年、一〇年続けたからといって、身に付くものではない。月に一六時間といっても、それは一ヵ月のうちのたった一日にも満たない時間だ。これで自分が変われる程強くなれたら、誰も苦労はしない。

私の太氣拳の師である佐藤嘉道先生に、こんな話を聞いた事がある。

以前、佐藤先生は、大気至誠拳法の創始者・澤井健一先生に、「佐藤君、太氣は毎日稽古しないと駄目だよ」と言われたそうである。しかし、当時教鞭を執っていた佐藤先生は、「仕事があるので、毎日は無理です」と答えたらしい。すると澤井先生は、「その気になれば毎日出来る。君にその気がないだけだよ」と言われたという。佐藤先生は、後でよくよく考えたら、澤井先生の言われる意味がわかったそうだ。

太気拳の佐藤嘉道先生（2009年）

稽古は、身体を動かして何時間も集中しなければならないと思っていたが、そうではない。例えば、朝、顔を洗って、鏡を見たついでに、「フン」と氣を入れたら、それが太氣拳の稽古だと気付かれたそうだ。その意識が、「毎日、稽古する」という事なのだと。

一般社会で日々何かと葛藤している私達が、空手道を通して弱い自分を変えたい、人として強くなりたいと思うなら、稽古の時間だけ空手の事を考えるのではなく、日常の中でも「常に強くなりたい」と思い続け、その努力をする。

また、稽古や大会や審査会に行く時間を捻出するために、常に生活の段取りを考え、多少の犠牲を払っても、万障繰り合わす。

人として強くなるためには、日頃から「道場の稽古が心の支えである」という意識を持ち続け、それを継続するための努力や、時間を割く努力が大切だ。

自分の余暇の時間を使い、大して犠牲も払わず、週に一～二回の稽古に出ただけで、大きな自信やプライドを持ち、「己を信じる」というのはなかなか難しい。

イヤ、難しいと言うより、大した犠牲も払わずに得た黒帯や立場など、後々の困難な局面に立った時、大きな自信につながり困難を打破する程の財産になるだろうか。

頑張って頑張って、それでも駄目で、辛くて苦しい立場に置かれた時、大切な黒帯を握り締め、涙しながら、「俺は黒帯だ。あれだけ頑張ってきたんだ。絶対あきらめない」と、困難を乗り越える事が出来るのは、そう言い切れる程努力し続けてきた空手だからこそである。もし、今後の人生で困難にぶち当たった時、空手が大きな心の支えになるのなら、それこそが空手を頑張る価値や意義である。

「生涯の修行を空手の道に通じ、極真の道を全うする事」である。

黒帯の価値

極真の黒帯を取るには、かなりの努力や頑張りが必要だ。今の門馬道場の黒帯も、全員が仕事や家庭や様々な付き合いを犠牲にして、週四回以上稽古に励み、約一〇年経って、やっと黒帯を允許されている。

何故そこまで頑張れたのか。それは日常の社会生活の中で、空手が心の支えとなってきたからだ。自分のプライドの原点であり、生き甲斐であると、稽古を通して感じる瞬間が多々あるからだ。

頑張る事に疲れた人、頑張る事をあきらめた人、ホドホドに頑張っている人では、黒帯にはなれない。

気持ちが折れそうな時もあるだろう。疲れてもういいかなと思う時もあるだろう。それでも、あきらめようとしている自分に喝を入れ、それを乗り越えようとして頑張っている自分が何かよくて、乗り越えて振り返った時、たまらない自信が湧く。

週に一～二回、自分の都合で稽古に出たり休んだり、その程度で黒帯になれる程甘い世界ではない。ましてや、その程度で黒帯を締めて人に指導したり、道場を開いて武道教育ですなどと言われたら、たまったものではない。

誰でも社会に出れば、仕事をこなし、家庭を守らなければならない。そうした生活が大切なのは、百も承知している。ただ、だから時間がないので、あれが出来ない、これが出来ないと言う人は、黒帯になるには無理があると思う。

少なくとも、人に能書きを垂れ、先輩面をするのなら、「出来ない言い訳」ばかり上手にならない事だ。そうでなければ、武道の世界では誰も付いて来ない。自分自身も、道場で修行しているなんて、恥ずかしくて言えない筈だ。

「武」の世界に入るとは、空手以外やってはいけないという事ではなく、日常の生活全てが「武」を意識するという事である。

自分自身の立ち居振る舞い、人との接し方はもちろん、自分が生まれてきた使命や責任、そういった事を念頭に置いて、自己を地道に磨き上げ、大切なものを守る「強さ」を身に付ける事である。

小野寺師範が生前、昇段審査の度に言われていた「黒帯自体に価値がある訳ではない。黒帯を締める人間によってその価値は決まる」という言葉

「黒帯自体に価値はない」と言われた。門馬功、山名菜穂子の昇段審査会（2005年）

どおり、生涯武道を貫く気概を持って、黒帯、または段位に見合った人間性を、世のため人のために確立する事である。

「一意専心」、そこに至るまでの努力や、色々なものを犠牲にしながらも一つの事に懸ける想い。その道のりが大切であり、本当の「武」の世界に入る「門」をくぐる「覚悟」を有していれば、おのずと道は開けてくる。

生きる力を育てる

試合に出て勝ちたい想いがあれば、当然、勝つために厳しく辛い稽古をしなければならず、「痛みや恐怖」とも向き合わなければならない。その稽古の中で、各自が大切なものや足りないものに気付き、それらを守り、克服すべく努力をする。

今、子ども達には武道教育が必要だと再三、繰り返しているが、何故居合いでも剣道でも柔道でもなく、極真空手なのか。それは、これまで述べてきたとおり、極真空手が武道教育には最適だと思うからである。

私はこれまでに子ども達が「突きや蹴りの痛みや恐怖」と常に向かい合い、涙を流しながらも、あきらめず克服していく姿を、目の前でずっと見てきた。大会、審査、合宿、日々の稽古、常に付きまとう困難を克服してきた子どもだったら、将来本当に信頼される大人になるだろうという確信がある。

私はこれまで、多くの門下生達と一緒に空手の道を歩んで来た。そして、道場でみんなと向き合いながらいつも思う。今のみんなの頑張りがどれだけ素晴らしく、今後の人生において苦しい時ほど、その頑張った経験が自信となり糧になるか、計り知れないのだと。

「頑張れば、こんな僕でも、こんな私でも出来たんだ。途中であきらめないでよかった、もう弱虫じゃない」

多分、子ども達は稽古や試合の度に、心の中でそんな風に呟いて、ちょっとだけ自信が付き、勝っても負けても、失敗しても、最後は笑顔になれたと思う。

そんな子ども達を見て、お父さんやお母さんや、周りの人達も一緒に笑顔になって、ますます愛おしくなると同時に、限りない未来への可能性を感じていると思う。

教育とは、「知識」を教えるばかりではなく、「生きる力を育てる」事でもある。真剣に関わり、ぶつかり合う事が大切であり、その意味で、学校で受ける教育より親の教育に勝るものはない。

子どもの成長を願うなら、一生懸命な子どもの姿にきちんと向き合い、向き合う事で親自身も学び、共に成長していかなくてはならないと思う。

教育＝子育てにおいても、人生においても、武道、とりわけ空手道から学ぶ事は沢山ある。ここまでにも多くを述べてきたが、上手く伝わったかどうかはわからない。

また、私自身も空手道に対する想いが色々とあり過ぎて、未だにまとまらない事も多々ある。しかし、教育や子育てなど、人と関わりながら生きていく上で、最も大切なのは「優しさ」であると思う。本当の「優しさ」とは、自分自身の「強さ」の先にあるものである。

それを体現するためにも、私達大人は武道の教えを学び、自分自身が強くなる事で、その強さの先にある優しさを、教育（子育て）に活かすことが大切である。

教育とは「めげない子育て」でもある。


何度も挫折を経験し、そして、そこから立ち上がり未来を開いていく。

私は門馬道場で、空手道を通して子ども達の未来を生きる力を育てたい。一所懸命な人達と切磋琢磨しながら共に歩く。そこにまた道が拓け、日々が充実する。人生とは、そんな事の繰り返しこそが、幸せだと感じるのかもしれない。

空手修行四〇年、道場開設二〇周年記念式典を終えて

二〇一七（平成二九）年、空手を始めて四〇年、道場を開設して二〇年になった。

その節目に、私の弟子達が「式典実行委員会」を結成し、一二月三日、郡山市の「ホテルはまつ」で、「空手修行四〇年、道場開設二〇周年記念式典」を開催してくれた。当日は、四〇〇名の門馬道場関係者が参列した。ありがたいことである。

式典には、県外の方々や道場関係者以外は招待していなかったが、私の知らないところで実行委員会がサプライズを用意してくれ、様々な方々からのお花やビデオメッセージ、お祝いなどが届き、感無量だった。

記念誌や動画や冊子、記念品やポスター、数え切れない程のプレゼントなど、それらを準備するのに

空手修行40周年の記念式典（2017年）

大変な苦労があっただろうと考えると、目頭が熱くなる。

職員や実行委員会や道場生や保護者の方々、本当に嬉しかったです。ありがとうございました。心より感謝・御礼を申し上げます。

このご恩は、必ずや人生を賭けてお返し致します。

私は果報者です。

第十三章

寄せられたメッセージ、和から輪へ

この本の発行に当たって、出版社のスタッフが、私に内緒で、門馬道場関係者にインタビューした。インタビュアーは「門馬師範は、みんなに愛されていますね」と言ってくれた。照れてしまうような話もあるが、ここに紹介したい。

★師範へのメッセージ1

『地上最強のカラテ』映画監督　後藤 秀司

空手は「教育の原点だ」と、考えているところが好きです。

僕が極真空手と初めて出会ったのは、梶原一騎と組んで、大山倍達の映画を撮った時です。大山倍達は、極真では絶対的存在でしたね。韓国人なのですが、戦時中、特攻隊に入って、日の丸の鉢巻きを締めて、飛行機で飛んだらしい。その話を聞いた時、涙が出て、僕、一肌脱ごうと思った。日本をこんなに思ってくれたんだ～と。それで、「よし、やろう！」と思ったんです。最初の打ち合わせで、梶原に連れられて池袋の総本部道場に行ったんですが、二階の館長室へつながる階段の両脇にズラリと道場生が並んで、「押忍！、押忍！」と怒号のように言うので、もうビックリした。梶原はこそっと、「これが彼らの挨拶なんだから」と教えてくれたけど、迫力がありましたね。

当時は、そこが極真の根っこだと感じたけど、大山倍達が亡くなってからは、バラバラになってしまった。門馬師範もその事では苦労したみたいだけど、彼は人間性が良いから、僕は好きですね。空手も、強さは二次的な事として、子ども達の情操教育の一環だと思ってやってるのが素晴らしいな。元々彼には根っこがあるから、豊かに生きられるんだね。幸せな人ですよ。僕は朝鮮から引き揚げて来て、本籍は岐阜だけど、一回も住んだ事がないし、いわば故郷がない訳です。

彼は、子ども達に礼儀作法を厳しく教えているけど、礼儀作法というのは、全く根っこの話なんですね。豊かさを示す、体の一挙手一投足が「礼儀」。礼の旧字体「禮」は、示偏に豊かと書くでしょ。今どうかすると、大人と子どもが話している関係は、格差がないじゃないですか。良いのか、悪いのか、わからないんですが。でも、「親しき仲にも礼儀あり」で、そういう事を大人はきちんとたしなめなければいけない。

空手を暴力的に使っている人もいるが、門馬師範の「そうじゃない！」という考え方に同意しますね。空手は「教育の原点」だ、と考えているところが好きです。イロハをきちんとやるというか。どんな「型」にしても、順番があるじゃないですか。だから、僕は勝手に「型」はイロハと思ってる。門馬師範は、そういうイロハにこだわっている。それは言ってみれば、教育の原点ですよ。

彼は人の話を聞いて、瞬発的に反対意見を言う事もしない。必ず、いったん引いて、相手の話を聞く。間合いがある。僕なんかはすぐカッとなるけど、彼は頭の中で整理している。あれはなかなか出来ない。「聞く耳を持っている」という点でも、僕は彼を尊敬しています。

★師範へのメッセージ2

映像プロデューサー　小黒 司

空手を通じて痛みを共有するから、教え子に、真剣に向き合える。

イジメは大きな社会問題ですが、なかなかなくならない。そういう時に門馬師範は、他人の子どもでも門下生が被害を受けたとなれば熱くなり、学校や教育委員会にも怒鳴り込んで行く。良い意味でお節介。進んであれこれと面倒を見る訳ですが、そういう人は今の時代貴重な存在だと思いますね。つまり、愛情を持って、本気でぶつかる。それは、普段から空手を通して、痛みを共有し、信頼関係を築いているからです。

生徒も、父兄も、「門馬師範、門馬師範」と慕うのは、そのむき出しのアナログ的な言動が、嬉しいからですよ。世の中のセオリーに合っているか、いないかは別として、門馬師範の魅力というのは、口先ばかりの評論家や教育者では真似出来ない、正義感から出てくる行動力なんです。だからみんな安心して、道場に子どもを預けることが出来る。

門馬師範の真剣さ、オーラ、パワーは頼り甲斐があるし、時には厳しく叱ってくれる。そういうものが渾然一体となって、門馬イズムをつくっている。

空手だけ教えていればよい立場なのに、痛みを共有するからか、教え子とは常に真剣に向き合う。単なるお稽古事の師弟関係ではないですよ。空手はスポーツじゃない、といつも言い切ってるし、合宿で同じ釜の飯を食べ、喜び、悔しさも共有するので、もはや血縁を超えたファミリーなんですね。

私は付き合いが始まって一五年ぐらいですが、いつも感心するのは、門馬師範の一貫した「みんな、一緒なんだ」という考え方です。日本の村社会は、長《おさ》という人を中心に成り立って来ましたが、ある意味、それの具現化ですね。彼が長になって、ピラミッドのような関係が出来上がっているように見えます。

一度子どもたちが窮地に追い込まれた時は、良い意味で牙をむく人。あれだけ大勢の子どもたちの面倒をずっと見て、それが長く続いているのは立派ですよ。

言葉だけでなく、行動が伴うから信頼される。それが証拠に、門馬師範に習った子が、成長して門馬道場で教える立場になってくれる。「門馬道場で教えたい！」と願うのは、門馬師範の人柄であり、門馬道場の素晴らしさだと思います。

門馬師範に何度か尋ねた事があります。

「門馬道場を全国展開して、もっと多くの人達に門馬道場の教えを広めたらどうですか」と。

でも、答えはいつも同じです。

「向き合わなければ伝えられない事もあるんだ」

インターネットの普及で、どんなに便利になっても、人は直接向き合う事でしか伝わらない事があるんだという、現代社会への警告でしょうね。

関わった人を、理不尽なくらい守ろうとするあなたを、私は心から尊敬します。

★師範へのメッセージ3

漫画家（門下生）　端野 洋子

師範の柔らかさというか、華のある指導力で ここまで続いたような気がします。

空手をやって五年になります。家の近くの白河道場で、世界大会で優勝した白石綾ちゃんたちの演武を見たんです。それを見て、「やってみたい」と電話を入れ、入門しました。

それが四〇歳で、一年後には道場が世界大会の日本開催で盛り上がって、出場する選手が四人居たので、その強化練習に付き合わされました。キツくて死ぬかと思いました。強化メニューは、普通の稽古の後に二時間ほど居残りするんです。今、何とか緑帯になりましたが、同じ時期に入った、同じ年代の人は殆ど辞めましたね。

震災直前に漫画家としてデビューし、「震災」をテーマにした本が講談社で新人賞を貰いました。「次、どうしようか」という時に、「空手」をテーマにしようと。自分で実感したものしか描けないし、身体も鍛えられるから、一石二鳥でした。

若い頃、剣道をやっていたんですが、単純な話、剣道の試合は五分なんです。でも空手は二分。短いな〜と思ったんですが、道具を使わないで二分は、凄い長いです。

基本的に稽古はキツイですが、それよりも、二〜三〇〇人が参加する夏冬の合宿で、ちびっ子たちを喜ばせる「お楽しみ会」の企画の方が大変。他の道場に比べて「自分たちがウケたい！」みたいな競争心で、流行りもののダンスとか、ゲームを考えなければならない。ウケないと辛いので、その準備にみんなピリピリするんです。

門馬師範について思うのは、誰よりも空手を教えるのが上手いんです。ほかの先輩方に習っても上手く行かない時があるんですが、師範だと「型の動きにはこういう意味があって」とわかりやすく、「あっ、そうなんだ！」とすぐに納得出来る。体力的に、体格的に、男子には勝てないので、師範の柔らかさというか、華がある指導力で続いたんだと思います。商工会とか、門馬師範を知ってる方からも、「凄く人当たりの良い、優しい人だ」とよく聞きます。

会津藩の藩主だった松平容保《かたもり》という方が居るんです。要するに、負け戦の総大将だった人なんですけど。元々美少年ですが、明治維新以降の年を取ってからの写真は目元が違うんですよね。「見てきたものが違う」という感じで。藩の人間が何万人も死んだという現実を受け止めた覚悟というか、自分の背負ってきた人生を見据えた重さというか。殺気とはちょっと違うんですが、師範に似たような印象を受けました。

★師範へのメッセージ4

門馬道場師範代　門馬功

率先垂範、人は言葉だけでは動かせない。それを貫き通す、意思と行動力が凄いと思います。

私は実弟であり、門馬道場の師範代をさせてもらい、また、師範の経営する会社の役員でもあります。ですから、師範の会社と道場の成長をずっと関わりながら見てきました。数人から始まった道場も、今では門下生八〇〇名を超える大道場。ここに至るまでの道は、師範が常に前に立ち、ずっと背中を見せ続けたからこそ、出来たものだと思います。そして、何かをやろうと思ったら、直ぐに行動に移す行動力。門下生皆、すごいと思っているところです。

師範の「率先垂範」し、人を育てる事への情熱と、そうするためにご自身がずっと努力されている姿が、門下生を引っ張って行くのだと思います。

師範の言葉ですが、

「『頑張れ』『負けるな』は、常に自分自身が何かに一生懸命取り組んでいなければ言えない言葉。自分が何も頑張っていないのに、子どもや他人に『頑張れ』『負けるな』なんて言えないだろ」

自分もその言葉を胸に、辛い時も頑張って乗り越えなければという気持ちになります。「頑張る事をあきらめない」。そうしたいものです。

師範は仕事でも、社長として会社を経営していますが、技術力や知識は未だに誰も追い付けないレベル。その社長に育てられた社員も、高い技術力を身に付け、仕事も順調です。経験と努力なくしては得られないですね。

社会で通用しない人は、空手の指導者としても通用しないと、師範はよく言います。社会では、人と関わらずには生きられません。人にどう接するか。それによって、自分の周りに人が増えたり減ったりすると思います。道場の親御さんや子ども達もそうですね。師範は面倒を見ようと思ったら、とことん親身に接し、お世話になった方々には礼を尽くします。今の世の中では、人との関わりはとにかく面倒がられる事なのかもしれませんが、師範の周りを見ると、人との関わりを大切にされてきた事がわかります。道場生も、そう接してもらって、付いてくるのだと思います。弟子には、背中を押してあげて前に進ませるというより、縄でくくり付けて引っ張るような力強さは、なかなか真似出来るものではありません。

空手でも、仕事でも、もちろん厳しい時が多々（笑）ありますが、厳しく言いながらも、個人個人の状況や思いなんかも実はちゃんとわかっているんだなあ、と感じる事があります。自分に甘い人が他人に厳しかったら、ただの圧力としか感じないですよね。

師範は、カリスマ性があるのに、道場の誰にでも気軽に話しかける。自分に厳しく、他人に優しく。これはなかなか出来る事ではありません。

★師範へのメッセージ5

門馬道場指導員　山名　菜穂子

追い付いた、と思ったら、もう見えないところまで走っている門馬師範。

ミニコミ誌の記者時代に、道場開きの取材で初めて会って、「バイタリティのある方だな」というのが第一印象で、これは今も変わりません。取材のインタビューで、「空手の魅力は？」と聞くと、「精神修行の場、自己鍛錬の道」と言われ、これが胸にストンと落ちました。当時、将来に不安があって、その言葉に引き寄せられ、思わず「体験させて下さい！」って言ったのが、空手と出会うきっかけでした。空手をやって、人生も変わりました。型でワールドカップ優勝という冠を頂き、その演武をＹｏｕＴｕｂｅで見て、ファンになってくれたのが、今の主人です。

今は、門馬道場の指導員ですが、師範が「社会的地位を」という事で、ＮＰＯ法人という受け皿をつくってくれ、空手の先生というより、ＮＰＯ法人の職員という位置付けで、空手に関わっています。主人も赤十字病院に勤めながら、同じ指導員としてやっています。四年前に長男、昨年三月に長女が生まれて、長男が「武（タケル）」というんですが、まさに空手一家です。

オーストラリアでのワールドカップで優勝した時に、他国の人達に触発されて、「日本の武道をもっと世界に広めたい！」という夢を持ちました。今、その活動の一環で、「武道教室」というカタチで、幼稚園や小学校の訪問活動を積極的にやっています。日本人に生まれたからには、「押忍」の精神や、「正座」という「伝統文化としての武道」の世界を体感して欲しいです。

また、新しい講師活動としてデイサービスの訪問をし、「介護空手」という新しい分野にも挑戦しています。椅子に座りながら「膝蹴り」という膝を上げる運動だったり、気合いを出したりする事で、脳を刺激し、内臓を鍛え、認知症予防などにもなるんです。

門下生の数が一五〇人を超えた時、「次の目標は？」と師範に聞かれて、三〇〇人かな、と思ったけど、見栄を張って「五〇〇人」と言ったら、「何、言ってんだ、一〇〇〇人を目指さなくてどうする」と言われて、エッと思ったんですが、現在八〇〇人まで来ました。これも目標が一〇〇〇人だったからで、師範の考える事は、スケールが違い過ぎて、追い付くのに大変です。追い付いたかな、と思ったら、もう見えないところに行っている。

二〇年経っても、その差はなかなか埋まらないですね。次元が違い過ぎて。それが今の設計会社も大きくしたんでしょうね。「先を見据えている力」ですね。

ご自身が青空道場で苦労したので、門下生達には恵まれた環境で稽古させたい、というので、師範は環境の良い常設道場にとてもこだわっています。大会なんかもそうですね。本当に門下生のために、色んな事を考えてくれています。

とにかく、私はじめ、一緒に道場職員として門馬道場で働いている佐藤奈美子さんもそうですが、門馬師範じゃなかったら、とっくに空手を辞めてるでしょうね。イヤ、私達だけじゃなく、今の門馬道場の黒帯全員が、門馬師範じゃなかったら、今まで空手は続いていない、と言っています。

門馬師範には、そういう人を惹き付ける魅力があるから、今の門馬道場があるんですけど、中には妬んだりする人も居るかもしれませんが、それは完全に「嫉妬」でしょうね。

それだけ門馬道場は、素晴らしい道場だと、自信を持って言えます。

★師範へのメッセージ6

門馬道場指導員　山名慎一郎

門馬師範は、師として弟子達を荷物ごと抱えて引っ張ってくれる。だから、弟子たる自分達は、やがて師を背負えるようになるまで大きくならなきゃいけない。


幽霊や霊魂の存在って信じますか？

私自身は居るかもしれないし、でも居たら怖いし、居ないという答えならば夢がないとも思うし、自分でもよくわからないんですが。

昔の話ですが、道場に関して不思議な出来事が起こったそうで、とある霊媒師に霊視してもらったらしいんです。

その結果が衝撃的だったんです。たったの一言。

「あなた（門馬師範）は大丈夫」だそうです。

それを聞いて、思わず笑ってしまいました。存在するか否かすらわからないような私達が聞いても、「そりゃ、大丈夫だろうな」と納得してしまうのが、門馬師範の人柄なんです。

生身の私達でさえ、師範のスピードに合わせて走り抜けるには、相当のバイタリティが必要です。仮に幽霊や霊魂といったものが存在するのだとしても、師範にとり憑くにあたっては、かなりのバイタリティが求められる事でしょうね。すでに生きていない存在に、バイタリティを求めても酷でしょうけど。

よく師範は、「俺は挫折した事がないから」と言います。

「挫折を知らない人」は、大きく二つに分けられると思うんです。

一つ目は、挫折を挫折と思わない強靭な精神力を持っている人。

二つ目は、慎重に慎重を重ねて、挫折を恐れ、徹底的に避ける人。

師範は多分、前者だろうと、大半の人が思われると思いますが、実は違うんじゃないかと。そもそも大きく分けられるような枠に収まる筈もなく、そばで見ていると、挫折の方が師範を避けているように見えるんです。理屈はわかりませんが、そう本気で思わせるような師範のカリスマ性が、今の門馬道場の大きさに現れているように思います。

門馬師範の空手の凄さは、数え上げれば枚挙にいとまがありません。門馬師範は、今でも、世界大会に出場するような現役黒帯の相手をしても手玉にとれる、という事実のみを言っておくにとどめます。いつでも相手の頭をきれいに蹴れるというのは、組手の最中、常に殺生与奪の権を握っている事と同義です。

だから、我々黒帯も門馬師範との組手は、本当にビビって何も出来ません。とにかく、組手はもとより、型も含めて、空手全般が凄いとしか言いようがありませんね。

でも、師範を語るには、空手の事だけを言ったのではあまりにもったいないですね。道場に携わっていれば、もちろん色んな問題も起こります。そして、私もその例に漏れず、失敗をして師範にご迷惑をかけてしまった時もあります。禁足処分も覚悟して、頭を下げた時があって。けれども、笑って許してくれた師範に対して、「あぁ、なんて大きな器なんだろう」と思いましたね。

空手道という長い長い道のり。門馬師範には、師として弟子達を荷物ごと抱えて引っ張って頂けます。だから、弟子たる自分達は、やがて師を背負えるようになるまで、大きくならなきゃいけないと思います。

そう思って頑張れる、この道場の素晴らしさを、多くの人に伝えたいですね。

強さに惹かれて道場に足を踏み入れた訳ですし、師範の強さの秘密である突きや蹴りの技を全て盗む「筈だった」のですが、今は、何としても自分のものにしたいのは、逆境に折れないしなやかな心の強さ、前に踏み出し続ける勇気、決して疎かにされない冷静な思考、そして背中で弟子を引っ張る器ですね。

単純に空手を修行していた筈なのに、夢中になっていて、気付けば「生き方」を師範から学んでいます。

だからこそ、こういう時代に武道はもう必要ないのか、こういう時代だからこそ必要なのか、門馬道場の私達は、確信を持ってその問いに答えることが出来ます。

★師範へのメッセージ7

門馬道場指導員　鈴木 昭弘

門馬師範との出会いは、約一六年前になります。中途半端だった自分を見捨てず、空手の指導員にまでして頂きました。

私の自宅から、歩いて二分ほどの体育館に、空手の道場が出来ると聞き、興味本位で体験に行ったら、足をブンブン振り回し、きれいな後ろ廻し蹴りを蹴っている、オールバックで、半端じゃなくオーラがある門馬師範が居たんです。

当時一九歳の私は、「すごく怖い人だ」「こんなオーラがある人に会った事がない」と感じたのを覚えています。私が体験している時に、門馬師範が「お前、体柔らかいな！　空手やってみろよ！」と優しく話しかけて下さった事を覚えています。

そこから自分は、空手にのめり込み、本部道場にも行くようになっていました。

そんな時に、リーマンショックで私は会社を追われ、今後どうしようかと考えていたところ、門馬師範に、「そんなに空手が好きなら空手を仕事にしてみないか？」と誘われました。当時二五歳で、能力もない私に声を掛けて下さり、その事が切っ掛けで、私はＮＰＯ法人極真カラテ門馬道場の職員を約八年間務めさせて頂きました。

職員になり、理想と現実は違い、私の未熟さから、失敗した事も沢山ありました。失敗をした次の日に門馬師範へ謝罪の電話を架けると、

「なんだ！　どうした？」

と、怒るでも、叱るでもなく、自分の間違いを正して下さる言葉に、私は涙を流しながら「押忍。押忍」としか言えず、門馬師範の言葉に聞き入ってしまいました。

最後に、「まぁ、とにかく頑張れ！」と電話を切られました。電話をする前は、緊張で心臓が口から飛び出そうでしたが、電話が終わると、「門馬師範とお話し出来てよかった」という気持ちになれました。

そんな門馬師範を心から尊敬した出来事があります。それは、私が職員になり二年後に発生した「東日本大震災」での事です。福島県も甚大な被害があり、余震は一日に何回も起こり、津波や建物の倒壊などで、沢山の方が亡くなりました。しかし、一番の恐怖は、福島第一原子力発電所事故により降り注いだ「放射能」による汚染です。

不安を抱える方の中には、「放射能が怖いから」と、県外に逃げ出した方も居ました。そんな皆が不安でどうしたらよいのか、今後どう生きたらよいのか、途方に暮れている時に、門馬師範は、被災して家が全壊してしまった門下生とそのご家族を、矢吹道場に避難させ、水が止まり食料品もない中、避難している門下生とご家族の方に、自家製カレーを振る舞ったんです。あの未曽有の大震災の中、このような事が出来るのは、門馬師範の「優しさ」であり、「強さ」だと思いました。

大震災から四日後、門馬師範はブログの中で、「地震なんて怖くない。今度揺れたら、俺が地べたに寝そべって止めてやる。原発なんて怖くない。爆発したら、全部俺が吸ってやる。だから元気を出そう」と書いてくれ、自分はそのブログを読んで、門馬師範だったら出来るかもしれない！　こんな時だからこそ前向きにならなければ！　と、家族も共に勇気付けられました。

門馬師範は何事にも前向きで、自分達の前を歩いてくれます。

口だけで、行動しない人は世の中に沢山居ますが、話をしている事と、行動が伴っている門馬師範は、本当にカッコ良く、自分はいつも門馬師範のような「人間」に、否「男」になれるように心掛けています。

門馬師範に出会えた事で、自分は変わることが出来ました。本当に感謝しています。このご恩をお返し出来るように、日々精進します。

★師範へのメッセージ8
門馬道場指導員　大住 柊太

門馬師範の空手の指導、人生の指導は、とても厳しいです。鬼のように思える時が何度もあります。でもそれは、とても気持ち良い厳しさであり、自分たちの心に、やる気を起こして下さる厳しさです。


「空手は人生だ」と、よく門馬師範は言われます。

その言葉の意味を、最近やっと理解し始めてきたような気はしますが、まだまだこれから先、長い修行の道を歩まないと、絶対にわからないという事も理解してます。だから、自分は門馬師範の元で、ずっと空手をやり続けたいです。


門馬師範との思い出を挙げればきりがありませんが、沢山怒られました。それは誰にも負けないくらいです。でも、それ以上に優しさも貰いました。

自分が高校生の頃、担任の先生と揉めた時には、一緒に学校まで行ってくれたんです。校長先生はじめ担任の先生も驚いたと思います。

そこで門馬師範が、先生方に「柊太《しゅうた》との信頼関係を築ける付き合いをして下さい」と、訴えてくれたんです。自分の気持ちを代弁してくれて、まるで自分の事のように、目の前で向き合って真剣に訴える姿を見せてくれました。それからは、自分と担任の先生とはとても良い関係を築け、卒業式には、初めて担任が泣いてくれたのが嬉しかったです。

昭和村での合宿の時、自分が失恋した事を門馬師範に伝えると、「人生ってな……」と、高校生の子ども相手に真剣に話してくれる師範が居て……どんな人にも、どんな事にでも、真っ直ぐに向き合う事も教えてくれました。

門馬師範の空手の指導、人生の指導は、とても厳しいです。鬼のように思える時が何度もあります。でもそれは、とても気持ち良い厳しさであり、自分たちの心に、やる気を起こしてくれる厳しさです。四歳の頃から、門馬師範に沢山の事を教わり、基本も技も多く身に付けさせて頂きました。大会でも、成績を残せるようにもして頂けました。

でも、何といっても大好きな空手を、職業の選択肢に入れてくれた事は、本当に感謝しています。

門馬師範と出会っていなかったら、どんな人生を過ごしていたんだろう、どんな人になっていたんだろうと、何度も思う事があります。門馬師範は、自分の父親だと思っています。「空手は人生だ」と語れる、門馬師範のような男になれるように、ずっと空手を続けていきます。それまでずっと、そばで見ていて欲しいです。

★師範へのメッセージ9

門馬道場指導員　鈴木 統河

自分をここまで育ててくれた門馬師範には感謝しかありません。かっこ良い門馬師範を目指して、これからも頑張っていきます。

私は、道場に入門して一四年になります。入門当時は、まだ幼稚園生でした。

初めて門馬師範とお会いしたのは、「第二回チャレンジカップ白河」という大会でした。正直、この当時の記憶はあまりありませんが、大会終了後に、門馬師範と写真を撮って頂いた事だけが、強く印象に残っています。

そこからは、門馬師範の指導している矢吹道場に、出稽古に行くようになりました。最初はとても緊張し、怖かったのを覚えています。

それでも門馬師範は、小学校一年生だった自分に、優しく丁寧に指導してくれました。門馬師範の稽古はもちろん厳しい稽古でしたが、厳しい中にも楽しさがあり、「また行きたい！」と思うような稽古でした。

小学校二年生以降は、少しずつ県外の大会にも出場するようになったんですけど、試合の時はいつも緊張と不安があり、正直怖かったんです。

でも、試合が始まる前に、門馬師範に挨拶に行くと、不思議と勇気とパワーが貰えました。

「あきらめない心で、最後まで頑張るんだぞ」

この言葉に、何度救われたかわかりません。この言葉を掛けて頂くと、どんな相手にも立ち向かえる気がしました。試合後、負けて泣いている自分に、「よく頑張ったな。また次頑張ろうな」と、必ず声を掛けて下さいました。その言葉が嬉しくて、次の大会も頑張ろうと思う事が出来たんです。


中学生になって、勉強・部活・空手の両立が始まり、部活終わりにすぐ空手に向かうのは、体力的にも精神的にもとても辛かったです。

だけど、門馬師範の号令で稽古が始まると、自然と気が引き締まるんですよね。体力的にも疲れている筈なのに、なぜか稽古を頑張る事が出来るんです。門馬師範や、道場の仲間が居たからこそ、辛い稽古も乗り越える事が出来たんだと思います。

でも、自分には悩みがありました。それは、試合で思うような結果が残せなくなった事です。中学生になり、周りの仲間や友達はどんどん身長が伸びていき、パワーが付いていくのを実感したんですが、その中で自分は、身長がなかなか伸びず、パワーもなく、一人だけ置いてけぼりな感覚でした。大会に出場しても、一回戦・二回戦負けが殆どだったので、正直、出場するのが怖くて、嫌で嫌で仕方ありませんでした。

そんな時、門馬師範は、「焦らなくていい。今頑張っていれば、いつかきっと強くなれる時が来る」と、言葉を掛けて下さったんです。この言葉を掛けて頂いていなければ、多分自分は空手を辞めていました。

この言葉があったからこそ、空手を続けて来られたんだと思います。

門馬師範は、いつも自分に勇気が出る言葉を掛けてくれました。そのお陰で、今、自分が空手を続けていられるんだと思います。門馬師範からの言葉を胸に、次は自分が後輩や門下生に伝えられるようにしていきたいですね。自分をここまで育てて頂いた門馬師範には、感謝しかありません。かっこ良い門馬師範を目指して、これからも頑張っていきたいです。空手でも、人生においても、門馬師範のようになれるように、これからもずっと導いていって欲しいです。

★師範へのメッセージ10

一般女子軽量級 世界チャンピオン（門下生） 白石 綾

門馬師範に色んな事を相談したり、色んなお話を伺ったりして、居心地が良い門馬道場に、ずっと居たいなって思いました。

今、二〇歳なんですけど、空手は一一歳から九年間やっています。門馬道場ではなかったですが、友達が空手やっていたので見学に行ってみたら、なんか楽しそうだなぁと思って。それで、近くにあった門馬道場に入門しました。

でも当時は、高校生になると辞めちゃう子が多くて、特に女の子は少ないこともあって、私も辞めたくなった事もありました。

でも、門馬師範に色んな事を相談したり、色んなお話を伺ったりして、やっぱり、なんか居心地が良い門馬道場にずっと居たいなって思い、辞めないで済みました。

二〇一六年の「総極真世界大会」の女子一般部で、組手の初代チャンピオンになったんですけど、まさか自分がチャンピオンになるとは、思っていなかったです。型と組手が一日目と二日目にあって、型は準決勝で負けて三位でしたが、組手は前の日に負けるイメージがあまりなくて、だから、行けるかな…と思っていたら、本当に優勝しちゃいました。

私は、一発で決める技がなかなか出せなくて、決勝戦では本選が延長になって、決勝も引き分けで、結局、体重判定で決まる事になったんですが、体重も相手との差が全然なくて、それでまた最終

女子組手（白石綾）と女子型（佐藤奈美子）の2人の世界チャンピオンと（2016年）

延長戦をやって、もう体力との勝負でした。

でもみんな、すごく応援してくれてたんで、その声もちゃんと聞こえていて、だから「これはやるしかない！」と、頑張りました。審判が五人居て、副審は四人で白と赤のどちらかの旗を上げるんです。私はその時、白だったんですけど、その白が四本上がって。あの時は、泣いちゃいましたね。それが高校二年生の時でした。もう四年前ですけど。

世界大会は四年に一回なんですけど、チャンスがあれば、また出場したいです。

空手を始める前までは、すごい恥ずかしがり屋で、人見知りが凄かったんです。いつもそれを直したいなと思っていました。何でも堂々と出来るようになりたい！　と本当に思っていました。

でも、空手をやって本当に気持ちが強くなりました。今は、空手をやっているのが自慢だし、空手で自信を持てたと思います。

みんなの前で話すのは、今でも恥ずかしいですけど。

今は、美容師になるため、専門学校に行っていますが、今年卒業で美容院に就職が決まりました。

自分の練習はすごく頑張れるんですけど、後輩とかに空手を教えるのはあまり得意ではないです。でも、門馬道場に恩返しするためにも、後輩達を引っ張って行けるように、ずっと空手は続けていきたいです。

★師範へのメッセージ11
会津地区 後援会会長　目黒 守司

門馬師範は、一言で「愛の人」ですね。全てに見返りを求めないというか……。

門馬師範とは、平成元年に出会って、もう三二年程のお付き合いになります。最初は仕事上だけの関係でしたが、気が付くと業務を離れて会うことも増え、ウマが合うというか、色んな話の中で価値観や持論を交わし合うようになっていました。一言で「愛の人」ですね。「無償の愛」という言葉があるけど、まず、見返りの報酬を求めない。また、そういう発想すら浮かばない人です。自分に関わる全てを大切にする。なかなか出来ない事ですよ。

私は、自分をリセットするつもりで奥会津・昭和村の千石沢地内に山小屋を造ったんですが、それを門馬道場の合宿所に使ってもらっています。自分の方から積極的に誘致した感じですね。軽いノリというか。いつの間にか、二〇年近く夏季強化合宿に関わり、その合宿の番頭を進んでやっています。

合宿には、門下生八百有余人の中の高校生以上の選りすぐりの選手しか参加出来ず、全日本、世界チャンピオンらも来る、いわば、門馬道場の聖地のような位置付けになっています。

そして、そこでの激しい稽古も、つぶさに見て来ました。合宿に参加した門下生達との交流を通して

昭和村での強化合宿終了後 全員で（2012年）

昭和村での強化合宿風景（2009年）

得た、数々の想い出も多いです。

そもそも、極真はフルコンタクト制（寸止めではない直接打撃組手の事）なので、ＫＯシーンも多い。また、試合中に倒されて動けなくなったり、骨折したり、選手が救急車で運ばれたりする事もあります。何の恨みもない人を相手に対戦し、全力で倒さなければならない。そうでなければ、自分が倒されるからです。大会の前夜などは、その恐怖心もあって、眠れない選手も少なくないと聞きます。

そんな厳しい武道である空手を、生業と並行して、率先垂範で奮闘するのが、門馬師範なんです。元々「師範になりたい！」という気はなくて、でも、みんながそうさせた。

「二階に上げられて、ハシゴを外されたようなもんだ」と、聞いた事があります。

気が短いところがあるみたいですけど、その時の言葉の発し方、その出し方が人と違う。

やっぱり、愛の人というか……。そこが好きなんです。

〈エピローグ〉

「あきらめない心」

「三日坊主」。小学生・中学生時代、両親によく言われていた言葉である。

剣道、そろばん、野球、ギター、トランペット……と、私は、何をやっても長続きしなかった。そんな私が、高校入学と同時に、何故か「空手」に興味を持ち始め、「どうせまた続かないんだから」と両親に言われながらも、その年の五月、一六歳から空手を始めた。

その時の先生が飛田健先生。飛田先生には、空手はもちろん、人としての生き方を教えて頂いた。週四回の稽古や、終了後の先生の訓話は、それまで平凡に生きてきた高校一年の三日坊主にはとても刺激的であり、あっという間に私は空手に夢中になった。

「強い男になりたい」。心からそう思った。

あれから四二年。かつて「三日坊主」と言われた男が、「辞めたい、辛い、苦しい、怖い」と言って逃げ出そうとしている道場生や、私を取り囲む様々な人達に、「あきらめるな」とバカの一つ覚えみたいに言い続けている。

一体、いつからこんな自分になったのだろうか?

私自身が、「極真空手門馬道場の師範」という今のポジションに、上がりたくて必死に登ってきたという感覚とは明らかに違う。

むしろ、地殻変動が起きて地盤が隆起し、この位置まで押し上げられてきた感覚に近い。

全ては、私を取り囲む皆さまのお陰である。決して社交辞令などではない。本心からそう思う。

空手人生で出会った様々な師、弟子、生徒、友、保護者の方々、後援会の方々……。空手がなかったら、その方々にも絶対出会えなかった。

この方々が居なかったら、間違いなく今の自分はない。特に、こんな私の下で黒帯になっても頑張り続けている指導員達は、私の大切な宝物である。

空手が私を創ってくれた。空手が私を育ててくれた。空手が多くの仲間とつないでくれた。空手には感謝しても感謝しきれない。私は「空手の恩恵」を人一倍受けてきた。私程、空手の恩恵を受けた人間はそう居ないだろう。

私は自由に生きてきた。これからもそうでありたいが、それが出来るのも、全ては私を陰で支えてくれた妻をはじめ家族のお陰である。この場を借りて、心からお礼を述べたい。ありがとう。

また、私が自由に活動出来るように、常に会社を守ってくれている「建設コンサルタント㈱大道技術設計」のスタッフ一同にも、心からお礼を述べます。ありがとう。

現在、長男の大祐が技術士となって東京から戻り、私の会社の後継者になるべく頑張ってくれている。次男の将太は、アメリカのマサチューセッツ州立大学アマースト校の教授として働いており、三男の洸平は昨年、東京の大手ＩＴ企業に就職し、ようやく私の親としての責任もある程度は果たしつつある。

なので、近い将来、私も会社を引退し、空手一本の生活を送り、私が受けてきた空手の恩恵を弟子達へとつないでいきたい。

そして、道場の職員や道場生のほか、私を取り巻く様々な人達と、もっともっと深く真剣に向き合いたいと思う。

もちろん、自分自身ともちゃんと向き合ってみたい。自分と向き合うという事は、多くの人と関わる事である。そうすれば、私の生まれてきた意味や、使命や責任がもっと明確になり、より本当の自分が見えてくるような気がする。

人は、一人では生きていけない。自分一人の力なんて知れたものである。人との関わり方によって、人生の充実度が変わるだろう。ニセモノも多い世の中ではあるが、その人となりを自分で判断し、「信念」を持って人とのつながりを大切にして生きたい。

この本の中で、何度も繰り返してきたが、人生なんてほぼ思うようにはいかない。努力が報われるとは限らない。夢に向かって進んでも、叶わない事の方が多い。

それでも、無駄な努力はないと信じ、頑張る事をあきらめずに、昨日までの自分を少しでも超える。

出来るか出来ないかではなく、やるかやらないかである。

私は、どんな時もあきらめないで、前を向いて歩く事の大切さを、空手を通して学んだ。その「あきらめない心」を、未来を生きる子ども達に伝えたい。

現在、道場に来てくれる子どもや、お母さん、お父さんには、稽古後など話す機会があればいくらでも伝えられる。しかし、現実には多くの方々と話すのにも限界があるので、この本によって、そこを補えたら本望である。

子どもはお母さんの分身である。やっぱりお父さんよりお母さんの方が、子どもの教育に真剣である場合が多い。この本を読んで、お母さんが何かを感じ、子どもの教育、すなわち「子育て」にめげないで、もっともっと子どもと向き合うきっかけになれば幸いである。

空手は私にとって、とてつもなく大きく、とてつもなく大切なものです。私の周りに居るみんな、大好きです。心からお礼を言わせて頂きます。ありがとうございます。

そして……志半ばでこの世を去った、私の師である岩手県小野寺勝美師範。私は小野寺師範に日本一可愛がって頂き、日本一怒られました。小野寺師範にも、心からお礼を言わせて頂きます。

押忍、ありがとうございました。

愛弟子達と共に歩く…

門馬智幸（もんま　ともゆき）

1962（昭和 37）年、福島県西白河郡矢吹町に農家の長男として生まれる。職業は、建設コンサルタント「大道技術設計」代表取締役。専門はショッピングセンターや宅地造成、工業団地などの設計。
16 歳より空手を始め、18 歳で極真会館へ入門。空手歴 43 年（2021 年時点）。
福島県内 30 か所に 800 人の門下生を有し、組手や型の世界チャンピオンの他、全日本選手権の優勝者も数多く輩出。今までに 3,000 人以上の門下生を指導、育成している他、海外からの指導要請も多く、毎年数か国から招待されている。

自らも組手や型の大会に出場し上位入賞を果たしたが、現在でも追い求める「武道空手」修行の一環として、空手以外にも、太氣拳・琉球古武術・居合いなど、出稽古をいとわず学び続け、稽古を怠ることはない。

幼稚園・小学校などで武道教室を開催するなど、「武道教育」にも定評がある。保護司や薬物乱用防止指導員として地域でも活躍している。

武道に学ぶ めげない子育て論

2021年1月20日　第1刷発行

著　者	門馬智幸
発行人	高山和彦
編集協力	山下ルミコ、北村 博、小黒 司
発行所	株式会社フォト・パブリッシング 〒161-0032　東京都新宿区中落合2-12-26 TEL.03-6914-0121　FAX.03-5955-8101
発売元	株式会社メディアパル（共同出版者・流通責任者） 〒162-8710　東京都新宿区東五軒町6-24 TEL.03-5261-1171　FAX.03-3235-4645
デザイン・DTP	古林茂春（STUDIO ESPACE）
印刷所	株式会社シナノパブリッシング

ISBN 978-4-8021-3220-0 C0037